Informatik aktuell

Herausgegeben
im Auftrag der Gesellschaft für Informatik (GI)

Wolfgang A. Halang
Herwig Unger (Hrsg.)

Internet der Dinge

Echtzeit 2016

Fachtagung des gemeinsamen Fachausschusses
Echtzeitsysteme von
Gesellschaft für Informatik e.V. (GI),
VDI/VDE-Gesellschaft für Mess- und Automatisierungs-
technik (GMA) und
Informationstechnischer Gesellschaft im VDE (ITG)
Boppard, 17. und 18. November 2016

GESELLSCHAFT FÜR INFORMATIK E.V.

 VDI/VDE-Gesellschaft
Mess- und Automatisierungstechnik

ITG INFORMATIONSTECHNISCHE
GESELLSCHAFT IM VDE

 Springer Vieweg

Herausgeber

Wolfgang A. Halang
Lehrstuhl für Informationstechnik
FernUniversität in Hagen
Hagen, Deutschland

Herwig Unger
Lehrstuhl für Kommunikationsnetze
FernUniversität in Hagen
Hagen, Deutschland

Programmkomitee

H. Adamczyk	Berlin
R. Baran	Hamburg
J. Bartels	Krefeld
B. Beenen	Lüneburg
J. Benra	Wilhelmshaven
V. Cseke	Wedemark
R. Gumzej	Maribor
W. A. Halang	Hagen
H. H. Heitmann	Hamburg
R. Müller	Furtwangen
M. Schaible	München
G. Schiedermeier	Landshut
U. Schneider	Mittweida
H. Unger	Hagen
D. Zöbel	Koblenz

Netzstandort des Fachausschusses Echtzeitsysteme: www.real-time.de

CR Subject Classification (2001): C3, D.4.7

ISSN 1431-472X

ISBN 978-3-662-53442-7   e-ISBN 978-3-662-53443-4
DOI 10.1007/978-3-662-53443-4

Die Deutsche Nationalbibliothek verzeichnet diese Publikation in der Deutschen Nationalbibliografie;
detaillierte bibliografische Daten sind im Internet über http://dnb.d-nb.de abrufbar.

Springer Vieweg

© Springer-Verlag Berlin Heidelberg 2016

Springer Vieweg ist Teil von Springer Nature
Die eingetragene Gesellschaft ist Springer-Verlag GmbH Germany
Die Anschrift der Gesellschaft ist: Heidelberger Platz 3, 14197 Berlin, Germany

Vorwort

Wie bereits vor zwei Jahren mit dem Leitthema „Industrie 4.0" nimmt diese Tagungsreihe erneut einen Modebegriff auf, um ihn vor dem Hintergrund jahrzehntelanger Erfahrung auf den Gebieten Echtzeit- und eingebettete Systeme sowie Prozessautomatisierung und -leittechnik auf seine Substanz und seinen Neuheitsgehalt hin abzuklopfen. Eine Definition[1] besagt, das „Internet der Dinge bezeichne die Vernetzung von Gegenständen mit dem Internet, damit diese Gegenstände selbstständig über das Internet kommunizieren und so verschiedene Aufgaben für den Besitzer erledigen könnten. Der Anwendungsbereich erstrecke sich dabei von einer allgemeinen Informationsversorgung über automatische Bestellungen bis hin zu Warn- und Notfallfunktionen."

Häufig wird über lange Zeit Hergebrachtes in neue Moden übernommen[2]. Als Beispiele dafür seien bzgl. des Internets der Dinge hier nur die im letzten halben Jahrhundert evolutionär entwickelten Technologien eingebetteter Systeme und zustandsabhängiger vorbeugender Anlageninstandhaltung genannt. Allein in der Verwendung von mehr Prozessoren und Sensoren, weiterer Miniaturisierung sowie erheblich gesteigertem Datenaustausch erkennt der Automatisierungstechniker jedoch genauso wie im Falle von Industrie 4.0 nichts prinzipiell Neues.

In Bezug auf den Einsatz der Radiofrequenzidentifikation 1999 von Ashton als Begriff geprägt, befindet sich das Thema Internet der Dinge nach dem 2015 veröffentlichten „New Gartner Hype Cycle for Emergent Technologies"[3] derzeit auf dem Gipfel der Euphorie, worauf in der Regel der Fall in das Tal der Enttäuschungen folgt. Dies erscheint unausweichlich, denn wie so Vieles ist das Internet der Dinge ein zweischneidiges Schwert: Einerseits soll es Effizienz und Wettbewerbsfähigkeit erhöhen, öffnet aber andererseits Werksspionage und Sabotage Tür und Tor. Gemäß der Netzseite „Sicherheit für das Internet der Dinge"[4] stellt Sicherheit die größte Herausforderung des Internets der Dinge dar.

Dabei ergibt sich mangelnde funktionale Sicherheit in vernetzten Systemen als Folge der Gefahren durch Abhören, Verfälschen oder Abfangen von Daten bei deren Übertragung sowie der Möglichkeiten des Einschleusens von Malware und der Überlastung von Knoten, die der Einsatz ungeeigneter Artefakte, nämlich im Bürobereich verbreiteter Informationstechnik und des Internets als Übertragungsmedium, mit sich bringt. Weil dieses Gefahrenpotenzial bei klassischen Technologien der Automatisierungstechnik viel geringer – oder konstruktionsbedingt überhaupt nicht vorhanden – ist, haben wir es hier bei Licht betrachtet mit einem Rückschritt hinsichtlich der technischen Qualität zu tun.

---

[1] Springer Verlag (Hg.), Gabler Wirtschaftslexikon, Stichwort: Internet der Dinge, http://wirtschaftslexikon.gabler.de/Archiv/1057741/internet-der-dinge-v4.html

[2] P. Mertens und D. Barbian: Digitalisierung und Industrie 4.0 – Trend mit modischer Überhöhung? *Informatik Spektrum* 39, 4, 301–309, 2016

[3] http://www.gartner.com/newsroom/id/3114217

[4] http://www.iot-sicherheit.ch

Aufgrund der oben umrissenen Problemlage ist die erste Sitzung der Tagung der Sicherheit im Internet der Dinge gewidmet. Sie will für das Thema Datensicherheit sensibilisieren, indem Möglichkeiten zur Absicherung von Kommunikationsnetzen diskutiert und die zur Abschirmung von Code und Daten für verschiedene Isolationskonzepte entstehenden Kosten betrachtet werden. Als konkrete Problemlösung wird ein zum Patent angemeldetes Verfahren zur sicheren anonymen Aufwertung und Belastung elektronischer Geldbörsen vorgestellt.

Das Internet der Dinge ist ohne den Einsatz von Echtzeitbetriebssystemen an den verschiedensten Stellen undenkbar. Darum beschäftigt sich eine eigene Sitzung mit den bei der Entwicklung eines dezidierten Betriebssystemkerns zusammengestellten spezifischen kombinierten Echtzeit- und Sicherheitsanforderungen, einer modular geschichteten Systemarchitektur zur Verbindung heterogener Gerätetreiber mit gängigen Übertragungsprotokollen sowie mit einem Betriebssystemkern für mit Umgebungsenergie betriebene Komponenten, das bei seinen Einplanungsentscheidungen deren schwankende Verfügbarkeit berücksichtigt.

Wegen der entscheidenden Bedeutung von Planung wird in der dritten Sitzung eine Software-Bibliothek für Ausbildungszwecke präsentiert, die die Planung des Echtzeitverhaltens unterstützt. Der Ausbildung dient auch die in Entwicklung befindliche Programmierumgebung OpenPEARL, über deren Konsistenzprüfungskomponente berichtet wird. Für die sicherheitsgerichtete Echtzeitprogrammierung wurden auf der Basis von PEARL eine Grundsprache sowie für jede der vier Sicherheitsstufen nach IEC 61508 eine inhärent sichere Teilsprache definiert, deren Syntax die Einhaltung der jeweiligen Einschränkungen erzwingt.

Im Rahmen der Tagung beschäftigt sich schon immer eine Sitzung mit aktuellen Echtzeitanwendungen. Gemäß dem Fokus Internet der Dinge werden Kontrollverfahren für die dynamische Kommunikation zwischen mobilen Hausautomatisierungsgeräten vorgestellt, eine Steuereinheit für Bewegungen mit sechs Freiheitsgraden entwickelt und in ein System virtueller Realität eingebunden sowie Methoden der erweiterten Realität zur Navigation in Gebäuden genutzt.

In der abschließenden Sitzung wird zunächst am Beispiel der Fernsteuerung von Heizungen gezeigt, dass konsequente Trennung von Anwendungsbereichen mit und ohne Echtzeitanforderungen und Verwendung jeweils geeigneter Programmiersprachen zu besseren Lösungen führt. Weiterhin werden ein Testbett für in der Raumfahrt eingesetzte und auf NAND-Flash-Speichern residierende Dateisysteme mit Redundanz sowie ein hierarchisch-asynchrones Zuteilungsverfahren für Mehrkernprozessoren vorgestellt, das die Software eingebetteter Systeme zur Laufzeit phasenabhängig rekonfiguriert.

Frau Dipl.-Ing. Jutta Düring gebührt unser herzlicher Dank dafür, dass sie zum wiederholten Male die Einreichungen mit größter Sorgfalt redigiert und den vorliegenden Band konsistent und ansprechend gestaltet hat.

Hagen, im August 2016

Wolfgang A. Halang
Herwig Unger

Inhaltsverzeichnis

VIII

Software-Entwicklung und Ablaufsteuerung

Sichere Kommunikation
im Umfeld von Industrie 4.0

Linus Schleupner

Lehrstuhl für Marktorientierte Unternehmensführung
Rheinische Fachhochschule Köln
linus.schleupner@rfh-koeln.de

Zusammenfassung. Kommunikationsnetze der Automatisierungstechnik in der Produktion von Gütern erfahren aktuell im Rahmen von Industrie 4.0 ebenso eine Veränderung wie der unternehmensinterne bzw. übergreifende Datenaustausch. Bisher als Insellösungen ausgeführte Netze mit proprietären Bussystemen werden bei neuen Maschinen und Anlagen vermehrt mit Ethernet ausgestattet und, z. B. zu Fernwartungszwecken, mit dem Internet oder mit cloud-Lösungen verbunden. Solche Netze können deshalb ohne Sicherungsmaßnahmen genauso von außen angegriffen oder ausgespäht werden wie jedes Büro- oder Heimnetzwerk. Der Angriff von W32.Stuxnet im Jahr 2010 und der Angriff auf das Netz des Deutschen Bundestages im Jahr 2015 haben gezeigt, dass die Wirkung von Schadsoftware bis zur Funktionsstörung von Atomanlagen und dem Zugriff auf streng geheime Unterlagen reichen kann. Deshalb müssen Kommunikationsnetze über eine im Rahmen der gegebenen Echtzeitbedingungen sichere Kommunikation verfügen, die sie gegen schädigende Einflüsse von innen und außen unempfindlich macht. Dieser Beitrag listet verschiedene Möglichkeiten zur (organisatorischen) Absicherung von Kommunikationsnetzen auf und soll weiter dafür sensibilisieren, dass Datensicherheit ernst genommen wird.

1 Einleitung

Die ständige Verfügbarkeit von Infrastrukturen z. B. bei Verarbeitungs- und Produktionsanlagen sowie Anlagen zur Energie- oder Wasserversorgung (sogenannte KRITIS Kritische Infrastrukturen) spielt für Unternehmen, Verwaltungen und private Haushalte eine große Rolle. Dort kommen automatisierte Prozesssteuerungssysteme, IndustriePC (IPC) mit Windows-Betriebssystemen und Office-Anwendungen sowie Supervisory Control and Data Acquisition-Systeme (SCADA) zur Steuerung der verschiedenen Funktionen und Abläufe in verteilten Strukturen zum Einsatz. Zur Vernetzung ihrer Komponenten nutzen diese Systeme immer häufiger die gleiche oder ähnliche Ethernet-basierte Netzstruktur wie Standard-Computernetze.

Das führt allerdings dazu, dass Automatisierungssysteme potenziell den gleichen Gefahren durch Viren, Würmer, Trojaner und unbedachte Nutzer ausgesetzt sind wie jeder Büro- oder Heim-PC. Konzepte zur datentechnischen Einbindung aller Komponenten einer automatisierten Anlage über Ethernet-Netze werden durch Industrie 4.0 bereits realisiert. Geschäftsmodelle zur Auslagerung von Service- und Instandhaltungsaufgaben auf externe, ggf. nicht am Standort der Anlage ansässige Unternehmen, verstärken die potenziellen Risiken zusätzlich, ebenso wie die Vernetzung verschiedener Produktionsstandorte über Enterprise Ressource Planning-Systeme (ERP). Etablierte Schutzmaßnahmen aus der Büro-Informationstechnik lassen sich aber nicht 1:1 in die Automatisierungstechnik übertragen [1, 2]. Viele Prozesse, z. B. in Kraftwerken, Stahlwerken oder der Energieerzeugung können nicht einfach angehalten werden, um notwendige Updates von Betriebssystemen oder Virenschutzprogrammen mit anschließendem Systemneustart durchzuführen. Netzmonitore, Intrusion-Detection-Systeme (System zur Erkennung von Angriffen gegen Netze) und der Einsatz von Firewalls mit sehr restriktiven Regeln können zwar einen wichtigen Beitrag zum Schutz von Netzen leisten, ihr Einsatz kann aber die Funktionsfähigkeit und die Verarbeitungsgeschwindigkeit der Prozesssteuerungssysteme erheblich beeinträchtigen.

Die Wechselwirkungen zwischen Sicherheit in der Informationstechnik (IT-Sicherheit) und der Sicherheit von Prozesssteuerungssystemen werden seit einigen Jahren intensiv diskutiert [1]. Immer mehr Hersteller, Integratoren und auch Betreiber von Prozesssteuerungssystemen erkennen die Notwendigkeit geeigneter IT-spezifischer Sicherheitsmaßnahmen. Bei der Entwicklung vieler existierender und bereits im Einsatz befindlicher SCADA-Komponenten ist der Aspekt der IT-Sicherheit allerdings noch nicht ausreichend berücksichtigt worden. Sicherheitsmechanismen, wie Authentifizierung und Verschlüsselung, wurden in der Prozesssteuerungstechnik selbst nur unvollständig oder gar nicht implementiert. Insbesondere bei der Erstellung und Fortschreibung von Sicherheitskonzepten für ältere Prozesssteuerungssysteme wird die Gefahr weiterhin unterschätzt [1].

Die Sicherheit gegen Angriffe von außen wie Sabotage oder Manipulation ist in automatisierten Anlagen in jeder Hinsicht elementarer Bestandteil zur Sicherstellung von Verfügbarkeit, Zuverlässigkeit und Authentizität. Eine Unterbrechung der Produktion aufgrund sabotierter oder manipulierter Anlagen kann schwerwiegende Folgen nach sich ziehen. Vertragsstrafen können bei falsch produzierter Menge oder verzögerter Lieferung greifen oder Rückrufaktionen können bei mangelhafter Qualität die Folge sein. Auch können Anlagen beschädigt oder unbrauchbar werden, was mit Imageschäden oder hohem Geldverlust einhergeht. Angriffe auf Kraftwerke können zudem notwendige Energie- oder Stromversorgungen ausschalten. Deshalb ist das Gefahrenpotential groß.

Die zum heutigen Stand Mitte 2016 letzte große, bekannt gewordene Attacke ist das Einschleusen eines Trojaners in das Netz des deutschen Bundestages mit der Folge des Totalzusammenbruchs der Sicherheitsmaßnahmen. Hacker konnten über Monate hinweg unbemerkt hochsensible Daten abziehen [7].

Solche Angriffe müssen künftig zuverlässig verhindert werden.

2   Bedrohungen der Maschinenautomatisierung

Bedroht wird der Netzverkehr und damit der sichere Betrieb einer Maschine oder Anlage durch

- das Abhören und Verändern von Nachrichten (Snarfing, Janus-Angriffe),
- einen unbefugten Eingriff in die Maschinensteuerung,
- den Transport von Schadsoftware (mit oder ohne Schaden am Automatisierungssystem, als gezielter Angriff oder unbewusst eingeschleust),
- das überfluten des Netzes mit unnützem Datenverkehr bzw. Angriffe auf die Verfügbarkeit des Rechners (Denial-of Service-Angriff (DoS), Distributed Denial-of-Service-Angriff (DDoS)) mit der Unterscheidung Bandbreitensättigung, Ressourcensättigung und Systemabsturz [8],
- ferngesteuerte Bot-Netze (Zusammenschaltung mehrerer fremdgesteuerter Rechner zum Versenden von Schadsoftware).

Die Vorgehensweise bei Angriffen auf fremde Kommunikationssysteme mittels Trojanern hat mittlerweile eine neue Qualität erreicht. Während der klassische Verbreitungsweg über Datenträger immer noch eine nicht zu unterschätzende Gefahr darstellt, werden Angriffe immer häufiger mit spezieller, auf das Opfer zugeschnittener Spionagesoftware durchgeführt. Zunächst wird ermittelt, welche Vorlieben, Interessen oder Hobbys die Zielperson haben könnte, um sie mit einer entsprechenden E-Mail zu konfrontieren. Beim öffnen dieser Mail wird dann unbemerkt ein Trojaner platziert. Aktuelle Trojaner bzw. ganz neu auftauchende Trojaner werden oftmals von marktgängigen Schutzprogrammen nicht erkannt [9, 10].

Der im Juni 2010 bekannt gewordene Angriff der Schadsoftware W32.Stuxnet zur Sabotage von Kraftwerken, chemischen Fabriken und industriellen Produktionsanlagen ist nur ein Beispiel, das zeigt, dass breit angelegte Sicherheitsmaßnahmen überlegt werden müssen. Über eine vorhandene Internetverbindung wird zuerst die PC- und dann gezielt die SPS-Ebene infiziert, um Anlagen zu manipulieren oder auszuschalten [3–5].

Es ist bekannt, dass zum Schließen von Sicherheitslücken notwendige Updates von Betriebssystemen, Antiviren- oder Anwenderprogrammen durchgeführt werden müssen. Und dies gilt nicht nur für PC-Lösungen, sondern für alle eingesetzten Komponenten, die ein Betriebssystem verwenden [11]. Heutzutage müssen Antiviren-Programme stündlich und Updates der Betriebssysteme sofort bei Verfügbarkeit aktualisiert werden, weil die Gefährdung für PC und IPC, mit Viren oder anderer Schadsoftware infiziert zu werden, als sehr hoch einzustufen ist [2, 9, 10].

Einer Studie des BSI zufolge haben bereits 63% der Internetnutzer persönliche Erfahrungen mit Viren und Würmern gemacht, 35% mit Trojanern und 19% mit Spionagesoftware. Die Tendenz ist weiter steigend [1]. Im gleichen Bericht wird festgestellt, dass nur 18% befragter Unternehmen mehr als 7,5% des IT-Budgets in IT-Sicherheit investieren. Ein Grund für diese geringe Zahl ist dem Bericht zufolge, dass bei mehr als der Hälfte der befragten Unternehmen das Bedrohungsrisiko für das eigene Unternehmen als gering eingestuft wird.

Updates von Betriebssystemen und Antivirenprogrammen müssen auch bei IPC vorgenommen werden. Das Aufspielen von Updates hat jedoch oftmals einen Neustart des Gerätes zur Folge. Der Neustart eines IPC bedeutet aber auch, dass der Prozess bzw. die Produktion angehalten werden muss, wenn kein Redundanzsystem zur Verfügung steht. Ungeplante Stillstandszeiten sind für Produktionsbetriebe nicht akzeptabel. Eine Stillstandszeit ist ein Produktionsstopp, durch den hohe Kosten durch Lieferverzögerungen entstehen können. Auch können z. B. Kraftwerksprozesse, chemische Prozesse oder Produktionsanlagen der Stahl-, Aluminium oder Kunststoffindustrie nur nach einer langwierigen Vorbereitung anhalten und wieder anlaufen. Updates müssen dementsprechend bei geplanten Stillständen eingespielt werden. Der Abstand solcher geplanter Stillstände hängt von den Wartungsintervallen der Maschinen und Anlagen ab und liegt erfahrungsgemäß zwischen wenigen Wochen und mehreren Monaten. Notwendige, wichtige Sicherheitsupdates der Betriebssysteme oder von Antivirus-Lösungen werden also nicht oder nur selten durchgeführt. Es liegt also ein Konflikt zwischen hoher Sicherheit und geringer Stillstandszeit vor.

In modernen Industrieanlagen werden nicht nur zunehmend Systeme lokal miteinander vernetzt, sie werden auch mit Fernwartungs- und Ferndiagnosesystemen ausgerüstet. Damit sollen über große Entfernungen Funktionalität, Service und Kundennähe gewährleistet sein, so, als ob ein Service-Techniker lokal vor Ort wäre. Jedoch werden dabei auch sensible Informationen wie Passwörter, Messdaten, Parameter und firmeneigenes Wissen übertragen. Sicherheitsrelevante Funktionen können fernwirksam geschaltet werden. Zeichnet ein Unbefugter eine solche offene Kommunikation auf, kann er jederzeit gefährdende Funktionen auslösen oder vertrauliche Informationen sammeln.

Das Problem stellt sich in der Varianz und dem Umfang der notwendigen Abwehrmaßnahmen bei gleichzeitiger Erlaubnis des Zugriffs auf die Maschinenautomatisierung und Geheimhaltung sensibler Daten dar. Darum sollten sich die notwendigen Schutzmaßnahmen von denen der Büro-IT unterscheiden, um einen praxisgerechten, sicheren Betrieb zu gewährleisten.

Grundsätzlich sind verschiedene Szenarien denkbar:

– Der Angreifer ist ein Mitarbeiter des Produktionsbetriebes und hat direkten Zugang zum Unternehmensnetz.
– Der Angreifer ist kein Mitarbeiter des Produktionsbetriebes, hat aber direkten Zugang zu diesem Unternehmen oder zum Unternehmensnetz, z. B. als externer Service-Mitarbeiter.
– Der Angreifer ist kein Mitarbeiter des Produktionsbetriebes, hat keinen direkten Zugang zum Unternehmen, jedoch zum Unternehmensnetz, z. B. durch Abhören eines Funknetzes.

Es kann also von innen oder von außen angegriffen werden.

In diesen Szenarien helfen Strukturanalysen, Schwachstellen aufzudecken. Schwachstellen sind notwendige Bedingungen, damit eine latent vorhandene Bedrohung einen Schaden bewirken kann. Schwachstellen können beseitigt werden, Bedrohungen sind jedoch ständig vorhanden. Durch ein Risikomanagement, zu dem auch Strukturanalysen gehören, werden technisch und organisatorisch wirksame sowie wirtschaftlich sinnvolle Schutzmaßnahmen eingeleitet und Schwachstellen geschlossen [4].

In der Prozesstechnik treten Schwachstellen beispielsweise auf bei

- Automatisierungskomponenten und IPC,
- systemnaher Middleware (z. B. OPC-Server),
- Bedienterminals und
- Zugriffspunkten zu Netzen.

Aktuell wird als wirksamste Abhilfe gegen unbefugte Zugriffe die Beschränkung der zulässigen Kommunikation mit kritischen Maschinen- oder Anlagenteilen (Zellen) auf das operativ erforderliche Maß empfohlen. Möglich ist dies durch den Einsatz dezentraler Firewalls mit geeignetem Regelwerk, das entweder aus der Systemdokumentation abgeleitet oder aus einer Lernphase direkt am Netz gewonnen werden kann. Als Regel gilt: „Was nicht explizit erlaubt ist, ist verboten!" [11].

3   Grundprinzipien sicherer Kommunikation

Sichere Kommunikation bedarf in jedem Anwendungsfall eines ganzheitlichen Ansatzes, bei dem (a) Personen (Motivation, Wissen, Fehler), (b) Prozesse (Richtlinien, Organisation) und (c) Produkte/Technologien (Hardware, Software, Netze) dynamisch zusammenwirken. Ein Bereich alleine reicht nicht aus, um Schutzziele abschließend zu definieren.

Die folgenden Grundprinzipien verdeutlichen den Anspruch an die Sicherheit, den ein zu implementierendes System erfüllen muss. Es sind

- *Vertraulichkeit/Zugriffsschutz*: Nur dazu berechtigte Netzteilnehmer sollen in der Lage sein, auf Nachrichten im Klartext zuzugreifen und diese auszutauschen. Solche Daten können von unberechtigten Teilnehmern nicht verstanden werden, eine nicht-autorisierte Informationsgewinnung ist also nicht möglich.
- *(Daten-)Integrität/Änderungsschutz*: Der Empfänger soll in der Lage sein, festzustellen, ob eine Nachricht verändert worden ist oder nicht. Daten können also ohne Kenntnis des Empfängers von einem Dritten nicht geändert werden.
- *Authentizität/Fälschungsschutz*: Der Empfänger einer Information soll klar und eindeutig erkennen können, von welchem Absender die Information stammt. Gesendete Daten stammen auch tatsächlich vom Absender, der Absender kann sich also gegenüber dem Empfänger zweifelsfrei ausweisen.
- *Verbindlichkeit/Nichtabstreitbarkeit*: Der Absender einer Information muss jederzeit die Urheberschaft einer Nachricht nachweisen können. Die Identität des Absenders ist Dritten gegenüber nachweisbar und nicht abstreitbar.
- *Anonymität*: Die Identität des Absenders bleibt Dritten gegenüber geschützt [4, 12, 13].

Das BSI hat im Rahmen der Studie „Kommunikations- und Informations-technik 2010 – Trends in Technologie und Markt" neben den verwendeten Sicher-heitsverfahren untersucht, welche Sicherheitseigenschaften von Systemen künftig insbesondere in eingebetteten Systemen, z. B. bei Handys oder Tablets sowie bei Informationssystemen von Bedeutung sein werden. Es zeigte sich, dass sowohl kurzfristig als auch langfristig den Merkmalen Datenintegrität und Vertraulich-keit die größte Bedeutung beigemessen wird [14]. Das bedeutet, dass eine ge-schützte, geheime und zuverlässige Datenübertragung gewünscht wird.

4 Normen und Richtlinien

Um Anwender bei der Abwehr von Bedrohungen gegen Netze der Informations-technik zu unterstützen, wurden basierend auf anerkannten Regeln der Technik verschiedene Normen und Vorschläge entwickelt.

Relevant für den Schutz von informationstechnischen Netzen und Anlagen sind insbesondere:

- der Lagebericht des BSI,
- BSI-Standards wie der „Leitfaden IT-Sicherheit (IT-Grundschutz kompakt)" des BSI,
- die DIN ISO 27000 und
- VDI-Richtlinie 2182.

5 Der Lagebericht des BSI

Im Lagebericht des BSI werden

- Bedrohungen untersucht und bewertet, welche durch technische Sicherheits-lücken und ihre Nutzung entstehen,
- Chancen und Risiken beim Einsatz innovativer Technologien aufgezeigt sowie
- Trends aus den Bereichen Wirtschaft, Gesellschaft, Technik und Recht prä-sentiert [1].

Er gibt einen Überblick über den Umgang mit der Informationstechnik und legt dar, welche Hilfen das BSI unterschiedlichen Zielgruppen an die Hand geben kann.

Der Bericht des Jahres 2007 stellt eine Zunahme des Gefährdungspotentials im Vergleich zum Jahr 2005 fest. Mit zunehmender Verlagerung von geschäftli-chen und privaten Aktivitäten in die virtuelle Welt geht auch eine Professiona-lisierung und Kommerzialisierung der IT-Bedrohungen einher. Daraus resultiert eine auch zukünftig anhaltend hohe Bedrohungslage der IT-Sicherheit bei Pri-vatanwendern, Unternehmen und Verwaltungen [1].

Im Jahr 2006 schon wurden 7.247 neue Sicherheitslücken in Betriebssyste-men wie Windows und Programmen wie den Office-Paketen von Microsoft ent-deckt. Auch der prozentuale Anteil jener Sicherheitslücken, die von Angreifern für den Zugriff auf ein verwundbares System ausgenutzt werden können, erhöhte sich. 52,5% der im Jahre 2006 analysierten Schwachstellen eigneten sich dafür, Benutzer- oder sogar Administratorrechte zu erlangen, mit denen dann umfangreiche Manipulationen am PC möglich werden [15]. Auch 2014 wurden 7.038 Sicherheitslücken offiziell in den Katalog der National Vulnerability Database (NVD) der US-Regierung aufgenommen [16]. Von einer darüber hinausgehenden Dunkelziffer muss ausgegangen werden, da nicht alle Sicherheitslücken an die Öffentlichkeit gelangen.

Schadprogramme (meist Trojaner und Würmer) stellen die häufigste Angriffsform gegen Informationssysteme und PCs dar. Angriffe gegen die Verfügbarkeit eines IT-Systems oder IT-Dienstes stiegen im Jahr 2006 ebenfalls an. Eine Ursache dafür ist die verstärkte Zunahme von ferngesteuerten Bot-Netzen aus mehreren Rechnern, die gerade für solche Angriffe aufgebaut oder zur Versendung von unerwünschten E-Mails (SPAM) genutzt werden.

Weiterhin stellt der Bericht fest, dass modulare Schadprogramme einen neuen Trend darstellen, um die Schäden an Computersystemen möglichst hoch zu halten. Dabei laden kleinere Schadprogramme unbemerkt ständig neue, größere Schadprogramme aus dem World Wide Web nach. Diese kleineren Schädlinge sind schwer erkennbar und nicht leicht zu bekämpfen.

Das bekannte „*actio-reactio*" zwischen Schädlingsprogrammierer und Bekämpfer dieser Schadprogramme kann also nur beendet werden, wenn effektive und effiziente Sicherungsmaßnahmen ergriffen werden, die nicht überwunden werden können.

6   BSI-Standards und Technische Richtlinien

BSI-Standards, wie der Leitfaden IT-Sicherheit, enthalten Empfehlungen des BSI zu Methoden, Prozessen und Verfahren sowie Vorgehensweisen und Maßnahmen mit Bezug zur Informationssicherheit. Das BSI greift dabei Themenbereiche auf, die von grundsätzlicher Bedeutung für die Informationssicherheit in Behörden oder Unternehmen sind und für die sich national oder international sinnvolle und zweckmäßige Herangehensweisen etabliert haben. Zum einen dienen BSI-Standards zur fachlichen Unterstützung von Anwendern der Informationstechnik. Behörden und Unternehmen können die Empfehlungen des BSI nutzen und an ihre eigenen Anforderungen anpassen. Dies erleichtert die sichere Nutzung von Informationstechnik, da auf bewährte Methoden, Prozesse oder Verfahren zurückgegriffen werden kann. Auch Hersteller von Informationstechnik oder Dienstleister können auf die Empfehlungen des BSI zurückgreifen, um ihre Angebote sicherer zu machen. Zum anderen dienen BSI-Standards auch dazu, bewährte Herangehensweisen in ihrem Zusammenwirken darzustellen [17].

Der „Leitfaden IT-Sicherheit" bietet nicht nur eine Vorgehensweise für den Aufbau einer Sicherheitsorganisation, sondern unterstützt auch bei der Risikobewertung, bei der Überprüfung des vorhandenen IT-Sicherheitsniveaus sowie bei der Umsetzung von Maßnahmen.

Es werden organisatorische Maßnahmen ohne technische Details vorgestellt, die einem Unternehmen sehr allgemein und grundlegend Hilfestellung geben, ein umfassendes Sicherheitskonzept zu implementieren. Die dargestellten Beispiele beziehen sich zwar alle auf die Büroumgebung, lassen sich aber prinzipiell auf jede kommunizierende Architektur übertragen.

Ergänzt werden die oben genannten Standards durch Technische Richtlinien des BSI [17].

Auf die zwischenzeitlich als notwendig erkannte Absicherung von Produktionsanlagen hat das BSI mit dem ICS-Security-Kompendium reagiert [18]. ICS steht für Industrial Control Systems und meint alle für Produktionsanlagen notwendigen Steuerungseinheiten. Maßnahmen zur Absicherung speziell für diesen Bereich werden aufgegriffen und auf die Prozesse in Produktionsbetrieben übertragen. Industrie 4.0 ist thematisch erwähnt, jedoch noch mit Forschungspotential klassifiziert. Dabei geht es vorrangig um die frühestmögliche Einbeziehung von Security-Maßnahmen in die Referenz-Architektur in die Planungsphase von Smart Factories. Klar benannt wird das erhöhte Angriffsrisiko wegen der erhöhten Komplexität solcher Anlagen.

7 Die DIN ISO 27000

Mit der Zertifizierung nach DIN ISO 27000 auf Basis des IT-Grundschutzes des BSI können Unternehmen ihr IT-Sicherheitsmanagement sowie konkrete IT-Sicherheitsmaßnahmen überprüfen und von einer Bundesbehörde als neutraler Stelle bestätigen lassen. Die DIN ISO 27000 bietet Grundlagen zum Aufbau eines Informationssicherheitsmanagements. Diese internationale Norm sieht einen strukturierten Grundschutz mit den dazu notwendigen Sicherheitsmaßnahmen vor. Dabei muss nicht unbedingt das gesamte Netz betrachtet werden, sondern es können auch lediglich einzelne Teilbereiche einbezogen werden [19].

Folgende Phasen werden unterschieden:

– Planungsphase,
– Implementierungsphase,
– Überwachungsphase.

In der Planungsphase wird der gewünschte Grad der Sicherheit spezifiziert und ein Sicherheitskonzept erstellt. Dann werden in der Implementierungsphase die ausgewählten Maßnahmen umgesetzt. Durch den Einsatz von Routern, Switches und angemessener Sicherheitssoftware wird die erforderliche Sicherheit gewährleistet. In der Überwachungsphase wird auf die Einhaltung der Richtlinien geachtet. Insbesondere muss immer wieder überprüft werden, ob der definierte Schutz noch ausreichend ist oder an ein neu definiertes Sicherheitsniveau angepasst werden muss. Weiterhin wird auf spezielle Belange von Funknetzen eingegangen [19].

8 Die VDI-Richtlinie 2182

Zu Beginn des Jahres 2008 wurde die VDI-Richtlinie 2182 verabschiedet und 2011 bzw. 2013 ergänzt [20]. Mit dieser Richtlinie wird ein Modell vorgestellt, das auf einem prozessorientierten und zyklischen Ansatz basiert. Der beschriebene Prozess unterstützt den Anwender des Modells bei der Bestimmung und Bewertung einer angemessenen und wirtschaftlichen Sicherheitslösung für einen konkreten Betrachtungsgegenstand. Ziel der VDI-Richtlinie ist die Beschreibung einer Vorgehensweise, mit der die Informationssicherheit von automatisierten Maschinen und Anlagen durch die Umsetzung von konkreten Maßnahmen erreicht werden kann.

Die Richtlinie sieht vor, dass unter Berücksichtigung der Ergebnisse einer Strukturanalyse die für den Betrachtungsgegenstand (Automatisierungsgerät, Asset) relevanten Schutzziele festgelegt werden, die mit Hilfe der zu erstellenden Lösung erreicht werden sollen. Die Analyseschritte sind:

– Anlagenbestandteile und Automatisierungsgeräte identifizieren,
– relevante Schutzziele ermitteln,
– Bedrohungen analysieren,
– Risiken analysieren und bewerten,
– Einzelmaßnahmen aufzeigen und Wirksamkeit bewerten,
– Gesamtlösung auswählen,
– Gesamtlösung implementieren und betreiben sowie
– Audit durchführen.

Typischerweise sollten nach dieser Norm die Schutzziele von Automatisierungssystemen auf das übergeordnete Ziel des Anlagenbetreibers, nämlich den ungestörten Anlagenbetrieb, ausgerichtet sein. Wenn der Anlagenhersteller auch sein geistiges Eigentum wie Programme oder Daten vor unbefugtem Gebrauch schützen möchte, sind zusätzliche Maßnahmen notwendig [20].

9   Aktivitäten des Verfassungsschutzes

Auch der Verfassungsschutz weist in seiner Broschüre zur Wirtschaftsspionage auf die Gefahren gezielter Angriffe hin. Diese werden sogar von ausländischen Regierungen unterstützt und gefördert, um die dortigen einheimischen Wirtschaftsunternehmen zu stärken [21,24].

Es spielt eine wesentliche Rolle, dass erforderliche Sicherheitsmaßnahmen zur Datensicherung häufig unter dem Aspekt der Wirtschaftlichkeit bewertet und nicht den örtlichen tatsächlichen Sicherheitsanforderungen angepasst werden. Spionage über das Internet kennt keine zeitlichen und sprachlichen Barrieren, sie ist effektiv und kostengünstig zugleich. Zudem birgt sie für den Angreifer aufgrund der geographischen Unabhängigkeit auch nur ein geringes Entdeckungsrisiko. Die zunehmenden elektronischen Attacken auf Computernetze stellen mittlerweile eine größere Gefahr dar als traditionelle Ausspähungsversuche. Es dürfte heute wohl kein Unternehmen mehr geben, das nicht an das Internet angebunden und in mehr oder weniger großem Maße von globaler Kommunikation abhängig ist. Der wirtschaftliche Erfolg eines Unternehmens hängt daher heute auch davon ab, wie gut es gelingt, sensible Datenbestände und die elektronische Kommunikation vor Datenverlust und Datenmissbrauch zu schützen [21, 24].

Die erhöhte Mobilität von Mitarbeitern vieler Unternehmen führt zur verstärkten Nutzung mobiler Netzanschlüsse, z. B. in öffentlichen Verkehrsmitteln wie Zügen oder Flugzeugen, aber auch bei Kunden und Lieferanten. Die Funkanbindung von stationären, besonders aber von mobilen Endgeräten eröffnet jedoch nicht nur den berechtigten Nutzern, sondern auch Angreifern, Wettbewerbern oder fremden Nachrichtendiensten völlig neue Zugangsmöglichkeiten zu IT-Netzen und angeschlossenen Systemen. Nach wie vor wird die hohe Verwundbarkeit drahtloser Kommunikationsverbindungen nicht erkannt bzw. nicht genügend ernst genommen. So sind selbst professionell betriebene Netze in Unternehmen lediglich mangelhaft oder überhaupt nicht abgesichert. Risikobehaftet sind praktisch alle auf drahtloser Verbindung basierenden Techniken bzw. IT-Komponenten [21, 24].

Als besonders anfällig haben sich erwiesen:

– Funknetze mit WLAN-Technik und Bluetooth-Schnittstellen durch Abhören,
– Funktastaturen und -mäuse durch Auffangen der Tasten- und Mausbewegungen sowie
– der Digital Enhanced Cordless Telecommunications (DECT)- und der Global System for Mobil Communications (GSM)-Standard bei mobiler Telefonie durch Abhören von Gesprächen und Abfangen von Textnachrichten.

Im Verfassungschutzbericht wird festgestellt, dass sich die E-Mail-basierten elektronischen Angriffe auf Netze über das Internet zu einer besonderen Gefahr entwickelt haben. Im Unterschied zur Beschaffung von Informationen mit Hilfe menschlicher Quellen wird so in der Regel unbemerkt und risikolos angegriffen, z. B. aus dem Ausland [21].

10   Veröffentlichungen des VDMA

Die im Zusammenhang mit Industrie 4.0 in jüngerer Zeit aufgekommenen Untersuchungen und Standardisierungsbestrebungen speziell für Maschinen und Anlagen sind zum Teil bereits erhältlich, zum Teil noch in der Entstehung. So zeigt sich der Verband der Deutschen Maschinen- und Anlagenbauer (VDMA) sehr bemüht, z.B. mit Leitfäden oder einem Fragebogen auf die bestehenden Gefahren hinzuweisen. In einer Umfrage stellt der VDMA unter anderem fest:

– Die Anzahl an Security-Vorfällen wird weiter steigen, so meinen 63% der Unternehmen.
– Bereits in 29% der Unternehmen gab es durch Security-Vorfälle bedingte Produktionsausfälle.
– Die Allianz für Cybersicherheit des BSI ist 61% der Unternehmen gänzlich unbekannt. Auch eine Meldepflicht von Security-Vorfällen lehnen knapp zwei Drittel der Unternehmen ab.
– Nur 57% der Unternehmen kennen einen der gängigen Security-Standards, und weniger als ein Drittel wendet die Standards auch an [22].

11 Fazit

In Sicherheitsfragen zum Schutz von Anlagen und Informationen ist ein Vorgehen nach dem Motto „viel hilft viel" in der Regel nicht zielführend, genauso wenig wie ëtwasßu machen. Vielmehr ist ein systematischer, auf das tatsächliche Gefährdungspotenzial abgestimmter Ansatz erforderlich. Die auf einer Risikoanalyse basierende, passende Mischung aus organisatorischen und technischen Maßnahmen entfaltet im Idealfall genau dann eine angemessene Wirkung, wenn das Vorgehen als dynamischer Prozess verstanden und gelebt wird. Eine zielgerichtete Vorgehensweise muss auf formulierten, in der Regel funktionalen Anwenderanforderungen beruhen. Für neue Produkte und Systeme muss die Berücksichtigung der Sicherheitsaspekte bereits in der Entwurfsphase beginnen [1, 2, 23]. Die dargestellten Normen und Richtlinien stellen einen Anhalt für den grundsätzlichen Aufbau sicherer Systeme dar. Aber fehlende Erfahrung oder Missverständnisse auf Anwenderseite führen zu Unsicherheiten bei der praktischen Umsetzung.

Es zeigt sich, dass die dringende Notwendigkeit besteht, Infrastrukturen und Produktionsanlagen konsequent und effizient zu schützen. Obwohl die Bedrohung an sich bekannt ist, wird sie nicht ernst genug genommen. Dabei kann es sich kein Unternehmen leisten, die Kontrolle über die eigene Produktion zu verlieren, Maschinen mit falschen Daten zu betreiben oder know-how abfließen zu lassen. Ebensowenig sollten Kraftwerke, Wasserwerke oder Energiespeicher wie Gastanks von Unbefugten angegriffen werden. Smart Grids sind keine Zukunftsvision mehr, sondern werden elementarer Bestandteil unserer Energieversorgung. Eine Fehlsteuerung hätte fatale Auswirkungen.

Das erste Ziel eines jeden Unternehmens ist die Markt- und Wettbewerbsfähigkeit, um Gewinne zu erwirtschaften. Dass dieser Wettbewerb aber nicht mehr nur kaufmännisch in den Märkten ausgetragen wird, sondern sich auf die digitale Kommunikation ausweiten kann, muss erst noch verstanden werden. Wie die Studie des VDMA gezeigt hat, sind viele Unternehmen gar nicht in der Lage, solche Angriffe festzustellen bzw. abzuwehren. Allein die unbemerkte Manipulation von Konstruktionszeichnungen oder Stücklisten würde zu erheblichem Schaden führen.

Die Maximalvernetzung aller Unternehmensprozesse in der Endstufe von Industrie 4.0 hat bezüglich der Verwundbarkeit bei Datenausfall bzw. -manipulation eine neue Dimension erreicht. Nur die konsequente und lückenlose Einführung eines belastbaren Sicherungssystems kann die Risiken minimieren. Ausschließen lässt sie sich zum heutigen Zeitpunkt nicht.

Literaturverzeichnis

1. *Die Lage der IT-Sicherheit in Deutschland.* Bundesamt für Sicherheit in der Informationstechnik, Bonn, 2005/2007/2009/2014.
2. Klasen, Fritjof; Straßer, Wolfgang: IT-Sicherheit muss übergreifend ansetzen. In: *Intelligenter produzieren.* VDMA-Verlag, Frankfurt, Ausgabe 5/2008.
3. Spiegel Online: *Angriff auf Irans Atomprogramm – Stuxnet könnte tausend Uran-Zentrifugen zerstört haben.* 26. Dezember 2010

4. New York Times: *Israel Tests on Worm Called Crucial in Iran Nuclear Delay.* vom 15. Januar 2011; abgerufen 16. Januar 2011
5. Falliere, Nicolas; Murchu, Liam O.; Chien, Eric: *Symantec Security response W32.Stuxnet dossier.* Version 1.3 November 2010.
   `http://www.symantec.com/content/en/us/enterprise/media/`
   `security_response/whitepapers/w32_stuxnet_dossier.pdf.`
6. *Hacker-Zugriff auf Wasserwerk: Steuerungstechnik unzureichend geschützt.* SI-CHER INFORMIERT. Der Newsletter von `www.buerger-cert.de`, Ausgabe vom 24.11.2011 Nummer NL-T11/0024
7. Die Welt vom 11.6.2015,
   `http://www.welt.de/politik/deutschland/article142372328/`
   `Verfassungsschutz-verfolgt-Spur-nach-Russland.html`
8. *Distributed Denial of Service (DDoS)-Analyse der Angriffs-Tools.* Bundesamt für Sicherheit in der Informationstechnik, Bonn, 8. September 2000.
   `https://www.bsi-fuer-buerger.de/cln\_031/ContentBSI/Themen/`
   `Internet\_Sicherheit/Gefaehrdungen/DDoSAngriffe/toolsana.html`
9. *Anlagensicherheit bleibt oberstes Gebot.* VDI-Nachrichten, S. 28, 28.11.2008.
10. Fitz, Robert; Halang, Wolfgang A.: *Sichere Abwehr von Viren, Schutz von IT-Systemen durch gerätetechnisch unterstützte Sicherheitsmaßnahmen.* Datakontext, Frechen, 2002.
11. VDMA Nachrichten: *Maschinenintegration – Produktion in vernetzten Umgebungen.* VDMA, Frankfurt, Mai 2008.
12. Bless, Roland et al.: *Sichere Netzwerkkommunikation.* Springer-Verlag. Berlin Heidelberg, 2005.
13. Swoboda, Joachim; Spitz, Stephan; Pramateftakis, Michael: *Kryptographie und IT-Sicherheit.* Vieweg+Teubner Verlag, Wiesbaden, 2008.
14. Alkassar, Ammar et al.: *Kommunikations- und Informationstechnik 2010+3: Neue Trends in Technologien, Anwendungen und Sicherheit.* SecuMedia Verlag, Ingelheim, September 2003.
15. X-Force Threat Inside Quarterly Q406, 2007. `http://www-935.ibm.com/`
    `services/us/iss/html/xforce-threat-insight.html`
16. Datenbank der National Vulnerability Database NVD. `https://nvd.nist.gov`, 06.07.2015.
17. *Leitfaden Informationssicherheit.* Bundesamt für Sicherheit in der Informationstechnik, Bonn, 2012.
18. *ICS-Security-Kompendium.* Bundesamt für Sicherheit in der Informationstechnik, Bonn, 2013.
19. DIN ISO/IEC 27001 (2008-09) Informationstechnik – IT-Sicherheitsverfahren.
20. Fachausschuss Security: *Informationssicherheit in der industriellen Automatisierung.* VDI/VDE-Richtlinie 2182, Düsseldorf, 2007.
21. *Verfassungsschutzbericht.* Bundesamt für Verfassungsschutz, Köln, 2009.
22. VDMA-Studie: *Status Quo der Security in Produktion und Automation,* 26.11.2013.
23. *Informations- und Kommunikationstechnologie in privaten Haushalten 2006.* Statistisches Bundesamt, Wiesbaden, 2007.
24. *Wirtschaftsspionage – Risiko für Ihr Unternehmen.* Bundesamt für Verfassungsschutz, Köln, 2008.

Kosten der Abschirmung von Code und Daten

Alexander Züpke[1], Kai Beckmann[2], Andreas Zoor[2] und Reinhold Kröger[2]

[1] Forschungsgruppe Neue Betriebssystemkonzepte
[2] Labor für Verteilte Systeme
Fachbereich Design Informatik Medien
Hochschule RheinMain, 65195 Wiesbaden
vorname.nachname@hs-rm.de

Zusammenfassung. Aktuellen Systemplattformen für *Internet der Dinge*-Geräte mangelt es oft an Isolationskonzepten. Verglichen mit traditionell isolierten Eingebetteten Systemen vergrößert die Anbindung an das Internet die Angriffsfläche, so dass durch Fehler die Funktionalität des gesamten Gerätes beeinträchtigt werden kann.
Diese Arbeit vergleicht verschiedene Isolationskonzepte zur Auftrennung von Betriebssystemkomponenten für eine Publish/Subscribe-Middleware nach dem OMG-Standard *Data Distribution Service*, auf einem partitionierenden Mikrokern-System. Die Konzepte werden auf einem STM32F4-Mikrocontroller evaluiert, welcher geeignete Speicherschutzmechanismen bietet. Die Ergebnisse zeigen moderate Kosten durch erhöhten Speicherbedarf und zusätzliche Kontextwechsel.

1 Motivation

Heutzutage bieten preisgünstige Mikrocontroller genug Schnittstellen und Leistung, um vormals isolierten Eingebetteten Systemen eine Anbindung an das Internet zu bieten. Diese *Internet der Dinge* (engl. *Internet of Things*, IoT) genannten Systeme beinhalten dabei Sensoren und/oder Aktoren in neuartigen vernetzten Anwendungen. Allerdings fehlen der ersten Generation dieser Geräte oft Isolationskonzepte zwischen den auf dem System eingesetzten Softwarekomponenten, so dass ein potentieller Fehler im Anwendungscode, im Betriebssystem oder in den Protokoll-Stacks das Gesamtsystem kompromittieren könnte. Für sicherheitskritische Anwendungen sind diese Systeme daher nur bedingt geeignet.

In letzter Zeit sind allerdings preisgünstige und sparsame 32-bit Mikrocontroller erhältlich, die Speicherschutzmechanismen (engl. *Memory Protection Unit*, MPU) bieten, womit auch bei IoT-Anwendungen eine Isolierung möglich wird. Leider bieten aktuelle Betriebssystemplattformen für preisgünstige IoT-Systeme, wie *FreeRTOS*, *Contiki* oder *RiotOS*, oft keine Unterstützung für solche Speicherschutzmechanismen. Auf der anderen Seite des Spektrums erwarten Betriebssysteme wie *VxWorks*, *Integrity* oder *PikeOS*, welche explizit für sicherheitskritische Anwendungen entworfen wurden, Hardware-Unterstützung für eine virtuelle Speicherverwaltung (engl. *Memory Management Unit*, MMU). Letztere ist allerdings nur auf deutlich höherpreisigen Prozessoren verfügbar.

Zusätzliche Sicherheit gibt es nicht umsonst: der Einsatz von Isolationskonzepten bedingt oft erhöhten Speicherverbrauch durch die Mehrfachhaltung benötigter Daten oder durch die Granularität der Schutzmechanismen. Ebenso kann die System-Performance negativ beeinflusst werden, zum Beispiel durch häufiges Kopieren von Daten zwischen isolierten Komponenten oder durch die Umschaltung der zugreifbaren Speicherbereiche bei Kontextwechseln.

Diese Arbeit analysiert diese Kosten anhand des Fallbeispiels einer Portierung einer datenzentrierten Middleware auf eine Mikrokern-Plattform für sicherheitskritische Anwendungen. Das Ziel dabei ist es, dass Anwendungen mit Hilfe der Middleware über das Netzwerk kommunizieren können, Fehler sich allerdings nicht ausbreiten können.

Die an der HSRM entwickelte, *sDDS* [1] genannte Middleware ist eine Implementierung des *Data Distribution Service* (DDS) Standards der *Object Management Group* (OMG) [2] für Sensornetzwerke und besonders für kleine Systeme mit beschränkten Systemressourcen geeignet. Als Betriebssystem wird *AUTOBEST* [3] benutzt, welches für automotive Anwendungsfälle mit hohen Sicherheitsanforderungen entwickelt wurde. AUTOBEST bietet die Möglichkeit, unterschiedliche Software-Komponenten in sogenannten Partitionen zu isolieren, um so Auswirkungen möglicher Fehler auf die betroffene Partition zu beschränken. Für die Netzwerkanbindung von sDDS wird der *Lightweight TCP/IP-Stack* (lwIP) [4] unter AUTOBEST verwendet. Als Hardware-Plattform wurde ein STM32F4-Mikrocontroller von Texas Instruments gewählt, eine typische Plattform für industrielle Echtzeit-Anwendungen. Neben einem Cortex-M4-basierten ARM-Kern mit 168 MHz Takt bietet dieser Prozessor 112 KiB SRAM, 1 MiB Flash und 100 Mbit/s Ethernet.

Im Weiteren beschreibt Kapitel 2 die verwendeten Software-Komponenten im Detail. Kapitel 3 erläutert verschiedene Trennungskonzepte, welche in Kapitel 4 evaluiert werden. In Kapitel 5 werden die Ergebnisse zusammengefasst, diskutiert und mit anderen Arbeiten verglichen.

2   Software-Architektur

Die Software-Architektur basiert auf den zwei unanbhängig voneinander am Fachbereich entwickelten Komponenten: AUTOBEST als Betriebssystem und sDDS als Middleware. Des Weiteren werden lwIP als TCP/IP-Stack, ein Ethernet-Treiber und passende Anwendungen, die per sDDS mit anderen Knoten kommunizieren, verwendet. Alle Komponenten zeichnen sich durch einen hohen Grad an Anpassbarkeit hinsichtlich ihres Ressourcenverbrauchs aus.

AUTOBEST AUTOBEST [3] wurde in Kooperation mit der Firma Easycore GmbH als Software-Plattform für den gleichzeitigen, rückwirkungsfreien Betrieb unterschiedlich sicherheitskritischer Softwarekomponenten in automobilen Steuergeräten mit beschränkten Hardware-Ressourcen entworfen und implementiert.

AUTOBEST basiert auf einem Mikrokern, welcher unterschiedliche Applikationen in sogenannten Partitionen isoliert voneinander ausführen kann. Eine Partition stellt einen Container sowohl im zeitlichen (Scheduling) als auch im räumlichen Sinne (getrennte Adressräume) dar, der eine zugehörige Menge von Ausführungskontexten (Tasks) und ihre notwendigen Betriebsmittel vom Rest des Systems isoliert. Alle Kommunikations- und Synchronisationmechanismen über Partitionsgrenzen hinweg müssen statisch konfiguriert werden. Dies erlaubt eine feingranulare Zugriffskontrolle möglicher Interferenzen zur Kompilationszeit. Dieses Partitionierungskonzept wird auch in anderen Anwendungsbereichen wie der Avionik erfolgreich eingesetzt. AUTOBEST ist dabei nicht nur auf automotive Anwendungsfälle beschränkt: Ein abstraktes Programmiermodell ermöglicht es, dass domänenspezifische Bibliotheken in den Partitionen die für *AUTOSAR* (Automotive) [5] und *ARINC 653* (Avionik) [6] notwendigen Betriebssystemschnittstellen ihren jeweiligen Anwendungen bereitstellen können.

Der Datenaustausch über Partitionsgrenzen hinweg wird durch gemeinsame Speicherbereiche (engl. *Shared-Memory-Segments*, SHM) zwischen den Partitionen realisiert. Der Kern macht hierbei keine Vorgaben zur Struktur, dies ist den beteiligten Partitionen überlassen. Der Kern bietet lediglich an, Variablen im Speicher mit Warteschlangen zu verknüpfen. Dies ermöglicht die Konstruktion blockierender Synchronisationsmuster nach dem Erzeuger-Verbraucher-Prinzip. Weiterhin können mit Hilfe von asynchronen Events andere Partitionen über Änderungen im Speicher benachrichtigt werden. Ebenso bietet der Kern einen synchronen *Remote Procedure Call* (RPC) an. Dies erlaubt die Ausführung von Funktionen in einer anderen Partitionen.

sDDS Der *Data Distribution Service*-Standard (DDS) der OMG [7] spezifiziert eine datenzentrierte Middleware-Schnittstelle, die dem Publish-Subscribe-Paradigma entspricht und plattform- und herstellerunabhängig spezifiziert ist. Der Standard sieht eine Reihe von Dienstgütemerkmalen (engl. *Quality-of-Service*, QoS) vor, mit denen Echtzeiteigenschaften, Redundanz, Persistenz, Zuverlässigkeit und Ressourcenbeschränkungen konfiguriert werden können. Die Architektur von DDS basiert auf dem Konzept eines gedachten globalen Datenraums, in dem gleichrangige Teilnehmer über ein Netzwerk Daten bereitstellen oder abonnieren (Peer-to-Peer). Die auszutauschenden Daten werden strukturiert als anwendungsspezifische Datentypen spezifiziert. Ein sogenanntes *Topic* verbindet einen Namen mit einem solchen Datentyp und festgelegten QoS-Eigenschaften. Als Schnittstelle der Anwendung zum Datenraum dienen *DataWriter*- und *Data-Reader*-Klassen.

Seinen Ursprung hat DDS im militärischen Bereich; inzwischen wird die Entwicklung und Verbreitung des Standards vor allem aus industriellen Anwendungsfällen getrieben. Insbesondere für das Internet der Dinge und im Bereich Industrie 4.0 verspricht DDS in Zukunft relevant zu werden. Obwohl der DDS-Standard in Hinblick auf verteilte eingebettete Anwendungen entworfen wurde, sind vollständige Implementierungen auf den ressourcenbeschränkten Plattformen typischer drahtloser Sensornetze nicht lauffähig.

Für den in dieser Arbeit beschriebenen Ansatz wird daher sDDS (*sensornetwork DDS*) verwendet [1]. Anwendungen für Sensornetze oder das IoT sind, bezogen auf die ausführenden Knoten, funktional häufig statisch und benötigen nur eine Untermenge der DDS-Middleware-Funktionalität. Bei sDDS wird daher ein modellgetriebener Software-Entwicklungsprozess verwendet. Dabei werden die Anforderungen einer Anwendung auf einer Knoteninstanz an die spezifische Funktionalität einer DDS-Middleware in einem Systemmodell erfasst und individuell angepassten Middleware-Code für jeden Zielknoten generiert. Dies ermöglicht es, DDS auf sehr heterogenen Plattformen einzusetzen, vom 8-Bit Microkontroller bis hin zu einer PC-Umgebung, und vereinfacht damit sowohl die horizontale als auch die vertikale Integration.

Bisher wird in sDDS eine konfigurierbare Untermenge des DDS-Standards umgesetzt. Neben dem Austausch von Daten mit Unterstützung von Callbacks und Polling werden einige QoS-Eigenschaften unterstützt. Die Kommunikationsbeziehungen der Anwendungen können statisch, dynamisch und auch als eine Kombination aus beidem spezifiziert und generiert werden. Im dynamischen Fall wird ein *Discovery*-Mechanismus auf Basis von fest eingebauten Topics realisiert.

sDDS ist in *C* mit Hinblick auf Plattformunabhängigkeit implementiert. Die bereitgestellte API ist DDS-standardkonform. Notwendige Betriebssystem- und Plattform-abhängige Funktionalität ist über Schnittstellen abstrahiert. sDDS benötigt Heap-Speicher zum Initialisierungszeitpunkt, die Möglichkeit, Aufgaben in Form von Callbacks zyklisch oder nach dynamisch anzupassenden Zeitspannen auszuführen und wechselseitigen Ausschluss. Als unterlagertes Netzwerkprotokoll setzt DDS minimal einen unzuverlässigen Datagram-Dienst mit Routing- und Broadcast- bzw. Multicast-Funktionen, wie beispielsweise bei UDP/IP, voraus. Der Discovery-Mechanismus baut auf Multicast-Gruppen auf. Durch das Einsatzgebiet IoT liegt der Fokus auf IPv6-basierten Transporttechnologien.

lwIP Da AUTOBEST keinen eigenen TCP/IP-Stack mitbringt, wird in dieser Arbeit auf das Open-Source-Projekt *Lightweight TCP/IP-Stack* (lwIP) [4] zurückgegriffen. LwIP ist ein stark konfigurierbarer TCP/IP-Stack mit BSD-kompatiblen Socket-Schnittstellen, für sDDS wird hingegen nur die UDPv6-Funktionalität über Ethernet sowie die IPv6-Adresskonfiguration benötigt.

LwIP bietet zwei Schnittstellen an. Die Schnittstelle zur Netzwerkseite hin sendet oder empfängt Ethernet-Frames. Die Schnittstelle zur Applikation (hier sDDS) erlaubt den Datenaustausch über ein Socket-ähnliches API. Beide Seiten benutzen entkoppelte Pufferstufen mit einem Erzeuger-Verbraucher-Muster. Die Protokollumsetzung findet intern transparent für die Anwendung statt.

LwIP bringt eine eigene Speicherverwaltung für Datenpakete und Ethernet-Frames, sogenannte *Pbufs*, mit. Ein Pbuf kann beliebige Nutzdaten enthalten. LwIP reserviert genügend Platz am Anfang und am Ende eines Pbufs, um bei ausgehenden Frames die IP- und Ethernet-Header hinzufügen zu können. Ebenso werden beim Empfang die Header-Informationen entfernt. Frames mit mehr als 536 B Nutzdaten können in mehreren Pbufs verkettet werden.

Anwendungen Im präsentierten Szenario kommuniziert eine Anwendung auf dem Embedded-Target unter AUTOBEST mit einer zweiten auf einem Linux-

System. Es gibt dafür zwei Typen von Anwendungen und zugehörigen Topics. Die Middleware, die anwendungsabhängigen Initialisierungen und ein Anwendungsstub wurden dazu aus dem Systemmodell generiert.

Die erste Anwendung publiziert zyklisch Daten für das Topic *Ipc* mit dem synchronen DDS-Methodenaufruf `DDS_IpcDataWriter_write()`, während die zweite Anwendung Daten von diesem Topic empfängt. Um die Latenz gering zu halten, registriert die Anwendung bei der DDS-Middleware einen Callback, *Listener* genannt, der aufgerufen wird, wenn neue Daten verfügbar sind. Die Daten selber werden mit der Topic-spezifischen Methode `DDS_IpcDataReader_take_next_sample()` ausgelesen. Diese entnimmt die Daten aus der Empfangswarteschlange des Topics und kann nicht blockieren. Die Größe der Topics beträgt jeweils 2 Byte, um den Overhead für Kopieroperationen während der Messungen gering zu halten.

3   Trennungskonzepte

Die im vorherigen Kapitel genannten Softwarekomponenten bilden in einem monolithischen System ein vertikales Schichtenmodell, die nun auf horizontale Partitionen aufgeteilt werden müssen. Hierzu bieten sich die verschiedenen Über-gänge zwischen den Komponenten an, um einen Schnitt anzusetzen. Das Ziel dabei ist es, mehrere voneinander isolierte Anwendungen über sDDS und das Internet kommunizieren zu lassen, ohne dass der Kommunikations-Overhead (Speicherverbrauch und Performance) zwischen den Partitionen zu groß wird. Ebenso ist eine mehrfache Auftrennung denkbar. Im Folgenden werden die verschiedenen möglichen Szenarien für eine Trennung diskutiert.

Isolation der Netzwerkkomponenten Die einfachste Variante ist es, die Anwendung, sDDS, lwIP und den Ethernet-Treiber in einer Partition zu gruppieren. Dies erlaubt es, die Teile mit Netzwerk-Anbindung vom Rest des Systems zu isolieren.

Dieses Szenario wird als Baseline für die in dieser Arbeit durchgeführten Messungen verwendet, da hier alle Komponentenübergänge mit reinen Funktionsaufrufen realisiert werden. Alle Daten können ohne Kopieraufwand über Zeiger übergeben werden. Diese Variante ist zudem vergleichbar mit Implementierungen auf anderen Embedded- und IoT-Betriebssystemen.

Trennung zwischen Ethernet-Treiber und lwIP Im Schichtenmodell von unten beginnend wird als erstes der Schnitt zwischen dem Ethernet-Treiber und lwIP betrachtet. Diese Schnittstelle sieht nach dem Aufsetzen von Ethernet-Adressen hauptsächlich den Austausch von Ethernet-Frames vor. Sowohl ein- als auch ausgehende Frames können in Bursts auftreten. Daher bieten sich hier zur robusten Entkopplung der Komponenten zwei Ringpuffer von Ethernet-Frames in einem Shared-Memory-Segment an. Dies vermeidet unnötige Kontextwechsel, und beide Komponenten können sich asynchron über neue Frames benachrichtigen. Ebenso erlaubt die Speicherverwaltung von lwIP eine statische Konfiguration der Speicherbereiche für Pbufs. Zusätzlich können DMA-Transfers direkt auf den Frames im Shared-Memory-Segment durchgeführt werden. Wenn die Netzwerk-Hardware DMA von fragmentierten Frames unterstützt, können im Ringpuffer kleinere Speicherbereiche verwendet werden.

Zusammengefasst bietet diese Schnittstelle gute Möglichkeiten zur Entkopplung und einiges Optimierungspotential, wenn direktes DMA möglich ist. Auf der anderen Seite kann der Speicherbedarf größer sein.

Trennung zwischen lwIP und sDDS Eine weitere Trennung ist zwischen lwIP und sDDS möglich. sDDS benutzt für die Netzwerkanbindung eine interne Schnittstelle von lwIP, welche dem BSD-Socket-Interface nachempfunden ist. Allerdings werden die in die Netzwerkdarstellung überführten Daten nicht kopiert sondern direkt in Pbufs gehalten.

Die Netzwerkanbindung von sDDS öffnet eine Multicast- und eine Unicast-Server-Verbindung für UDP, über die der Datenaustausch und das Discovery ausgeführt werden. Die Aufgaben von lwIP beschränken sich in diesem Fall auf das Durchreichen der Daten sowie die Adressauflösung. Ebenso wie bei der Trennung zwischen Ethernet-Treiber und lwIP können die Datagramme hier in Ringpuffern zwischen den Partitionen gehalten werden; die Speicherverwaltung von lwIP würde dies erlauben, solange nur eine Anwendung den IP-Stack benutzt.

Ansonsten bietet sich an, dass lwIP asynchron über empfangene Datagramme benachrichtigt, während sDDS synchron sendet. Diese Asymmetrie ist notwendig, da sDDS dem lwIP-Stack vertrauen kann. Im Umkehrschluss gilt dies für den lwIP-Stack allerdings nicht, da sonst ein Fehler im sDDS die Funktionalität des IP-Stacks beeinflussen könnte. Im Vergleich zur Trennung zwischen Ethernet-Treiber und lwIP ist der Aufwand für eine Trennung an dieser Stelle höher.

Trennung zwischen sDDS und Anwendung Als dritte Option wird die Trennung zwischen Anwendungen und sDDS mit IP-Stack und Ethernet-Treiber betrachtet. Wie zuvor beschrieben, verwendet die erste Anwendung zum Publizieren einen blockierenden Funktionsaufruf. Die zweite registriert einen Callback, der darüber informiert, wenn neue Daten bereitstehen, und entnimmt diese anschließend synchron und nicht blockierend der Empfangswarteschlange des Topics. Je nach Puffertiefe der Warteschlange bietet es sich an, eingehende Daten eines Topics in einem Shared-Memory-Segment zu halten, so dass die Anwendung die Daten ohne Kontextwechsel lesen kann. Allerdings benötigt die Anwendung Schreibzugriff auf die Warteschlange, um ein Sample als gelesen markieren zu können. Da das Publizieren von Daten blockieren kann, muss ein synchroner Kommunikationsmechanismus verwendet werden.

Eine Trennung zwischen Anwendung und sDDS erfordert demnach einen Nachbau der Funktionsaufrufe des DDS-APIs mittels synchroner Kommunikation und einen asynchronen Rückkanal zur Applikation zur Benachrichtigung über aktualisierte Daten. Die Menge der übertragenen Daten hängt von der Größe der Topics ab und ist in der Regel klein.

Gewählter Lösungsansatz Der Vergleich der Trennungskonzepte zeigt, dass jedes Schreiben von Daten aus der Anwendung zu mindestens einem Ethernet-Frame führt, solange sDDS nicht mehrere Topics in einem Frame gruppiert. Eingehende Frames hingegen enthalten nicht unbedingt Daten, die bei der Anwendung ankommen, da sie auch für interne Verwaltungsaufgaben bestimmt sein können. Ebenso werden die ausgetauschten Datenmengen (bzw. die vorzuhaltenden Speicherbereiche) von der Anwendung zum Netzwerktreiber durch den Overhead größer. Allerdings ist die Anbindung der Komponenten zu unteren Schichten deutlich entkoppelter, so dass hier häufiger asynchrone Kommunikationsmechanismen verwendet werden können.

Im Hinblick auf den meist knappen RAM-Speicher trennt der gewählte Lösungsansatz daher zwischen sDDS und Anwendungen. Dies bedingt als Preis die Implementierung eines komplexeren APIs. Die gewählte Implementierung kombiniert Ethernet-Treiber, lwIP und sDDS in einer Partition. Der Ethernet-Treiber nutzt dabei die Speicherverwaltung von lwIP für die Ethernet-Frames. Der Ethernet-Treiber besteht aus einem ISR-Task, der empfangene Pakete über eine Message-Queue an die UDP/IP-Task von lwIP weiterreicht. sDDS besteht aus einer Task für eingehende Daten, welche die Anwendungspartitionen über asynchrone Events signalisiert, sowie einer weiteren Task für jede Anwendungs-Partition, welche synchrone RPC-Calls der Anwendungen abarbeitet.

Die Anwendungs-Partitionen beinhaltet je zwei Tasks: Ein Callback-Manager-Task wartet auf Events vom sDDS und führt registrierte Callbacks in seinem Kontext aus. Generierter Anwendungscode läuft im Client-Task. Für den Datenaustausch zwischen den Partitionen wird pro Anwendung ein Shared-Memory-Segment verwendet, welches Topics, Benachrichtigungen und RPC-Argumente enthält. Die Struktur des gemeinsamen Speichers und notwendige Stubs auf Seiten der Applikation und sDDS werden von einem Code-Generator erzeugt. Die Trennung ist für sDDS und die Anwendungen vollständig in generiertem Code gekapselt. Über die Code-Generierung sind auch die Rollen der Anwendungen bekannt, so dass die entsprechenden DataReader und DataWriter erstellt werden können. Diese werden für die Kommunikation mit anderen Knoten genutzt.

4 Evaluation

Zur Evaluation der Kosten der gewählten Trennung werden der Speicherverbrauch sowie die Zeiten für das Senden und Empfangen eines Topics mit der Variante ohne Trennung verglichen. Für die Messung des Performce-Overheads wurden dazu in den Sende- und Empfangspfaden alle Komponentenübergänge mit Trace-Punkten versehen, die einen Pin des Mikrocontrollers „toggeln". Die Pegeländerungen an den Pins werden dann mit einem Logikanalysator aufgezeichnet. Der dadurch entstehende zusätzliche Aufwand durch die Ausführungszeiten von ein- und derselben Codesequenz beträgt weitgehend deterministisch

0,920 µs, da der Mikrokontroller keine Caches hat. Die einzigen Störquellen sind
Interrupts vom Timer und vom Ethernet.

Die Messpunkte kennzeichnen die einzelnen Phasen eines Sendevorgangs von
der Anwendung über sDDS und lwIP bis in den Ethernet-Treiber samt der notwendigen Datenaufbereitung. Der Empfangsvorgang verläuft analog vom Eintreffen eines Ethernet-Frames bis zur Sichtbarkeit der Daten in der Applikation.
Um den Overhead nachzuvollziehen, wurden bei der Lösung mit Trennung weitere Messpunkte an den Event- und RPC-Aufrufen hinzugefügt.

Die Messwerte in µs für den Empfangsvorgang sind in Tabelle 1 aufgeführt.
In einem Messexperiment mit wiederholten Durchläufen und insgesamt 16 500
Messpunkten wurden die Messwerte mit Minimal- und Maximalwerten (MIN,
MAX), Durchschnitt (AVG) und Standardabweichung (STD) zusammengefasst.

Tabelle 1. Messwerte Empfangsvorgang in µs

Phase	ohne Trennung				mit Trennung			
	MIN	AVG	MAX	STD	MIN	AVG	MAX	STD
IRQ im Kern	6,040	6,762	12,120	0,074	6,010	6,707	12,140	0,097
Ethernet-ISR	8,240	8,276	18,380	0,428	8,240	8,291	18,380	0,573
lwIP-Stack	29,310	36,457	41,890	0,178	31,220	36,501	43,670	0,195
sDDS UDP-Modul	17,490	17,505	23,380	0,125	17,410	17,426	20,320	0,073
sDDS `DataSink_process Frame`	8,080	9,001	25,710	1,194	7,750	8,680	25,580	1,204
Aufruf *Data Available* Call-back	5,630	5,639	10,940	0,081	5,460	5,471	8,490	0,054
sDDS sendet Event an Callback-Manager					1,140	1,147	3,070	0,023
Aktivierung Callback-Mngr					20,380	20,415	27,990	0,367
`DataReader_take_next_ sample`; bei Trennung: RPC an sDDS					1,160	1,167	4,490	0,044
Eingang RPC im sDDS					8,240	8,252	13,750	0,107
sDDS sendet RPC Antwort					3,390	3,396	6,960	0,048
Daten lesbar in Anwendung	3,340	3,352	8,820	0,075	1,160	1,167	4,490	0,044

Der Empfangsvorgang läuft in den ersten Phasen bis zur Komponenten-
trennung ähnlich ab. Danach unterscheiden sich die Ausführungszeiten: Während die Anwendung ohne Trennung im Callback `DataReader_take_next_`
`sample()` direkt aufrufen kann, sendet die Variante mit Trennung ein Event
an den Callback-Manager in der Anwendung. Die Aktivierung des Callback-
Managers benötigt durchschnittlich 20,415 µs, da die Tasks der Anwendung eine niedrigere Priorität als die der sDDS-Partition haben und in dieser Zeit
der sDDS-Stack wieder empfangsbereit wird. Der Callback-Manager ruft den
registrierten Callback auf, welcher die Daten per `DataReader_take_next_`

`sample()` abruft. Dies wird durch in einen synchronen RPC ins sDDS umgesetzt, welcher zwei weitere Kontextwechsel erfordert.

Tabelle 2 zeigt den Sendevorgang, der sich in den ersten Schritten unterscheidet: Während die Anwendung ohne Trennung `DataWriter_write()` direkt aufruft, wird bei der Trennung ein RPC an sDDS geschickt. Danach zeigen beide Ansätze ähnliche Ausführungszeiten. Ein Unterschied zeigt sich am Ende der Sendephase bis zur Rückkehr in die Anwendung. Interne Arbeiten der lwIP-State-Machine führen zu Verzögerungen, die durch die unterschiedliche Priorisierung der Tasks sichtbar werden.

Tabelle 2. Messwerte Sendevorgang in µs

Phase	ohne Trennung				mit Trennung			
	MIN	AVG	MAX	STD	MIN	AVG	MAX	STD
Aufruf `DataWriter_write`; bei Trennung: RPC an sDDS					6,630	8,272	8,300	0,168
Eingang RPC im sDDS					1,180	1,390	18,070	1,093
Ausführung `DataWriter_write`	6,010	13,909	14,030	0,864	8,910	13,957	14,000	0,392
Generierung SNPS Paket	4,090	5,482	18,060	0,736	4,130	5,409	6,230	0,103
sDDS UDP-Modul	7,130	7,145	7,390	0,020	7,130	7,142	7,390	0,020
lwIP-Stack	23,140	23,175	23,570	0,031	23,210	23,240	23,610	0,030
Ethernet-Treiber	25,550	25,567	25,580	0,005	16,270	16,284	16,300	0,005
Zurück in der Anwendung					13,170	13,178	13,190	0,004

Der Bedarf an RAM-Speicher für das Gesamtprojekt mit Kernel steigt bei der Lösung mit Trennung im Vergleich zu der ohne um 8,6 % von 60 592 Byte auf 65 792 Byte an. Hauptkostenpunkt sind hier die Stacks für zusätzliche Tasks auf Anwendungs- und sDDS-Seite. Ebenso steigt die Größe des Programmcodes um 7,9 % von 83 944 Byte auf 90 608 Byte an. Dies ist durch das Hinzukommen der Stubs, weiterer Tasks und zwei Partitionen zu erklären.

5   Diskussion und vergleichbare Arbeiten

Die durchschnittliche Gesamtausführungszeit des Empfangsvorgangs beträgt ohne Trennung 87,0 µs und mit Trennung 127,0 µs. Die Zeiten beim Sendevorgang liegen dagegen näher beieinander: 75,3 µs für die Lösung ohne Trennung, und 88,9 µs mit Trennung. Diese Werte beinhalten allerdings noch den Overhead für die Messpunkte. Bereinigt um die Zeit für das Setzen eines Messpunktes ergeben sich für den Empfangsvorgang 80 µs bzw. 115 µs, was einen Unterschied von 44 % entspricht. Die Zeiten beim Sendevorgang reduzieren sich auf 70 µs bzw. 81 µs, der Unterschied beträgt hier 16 %. Treibender Faktor hierbei sind die zusätzlichen Kontextwechsel zwischen den eingefügten Tasks, die auch den Speicherverbrauch mit ihren Stacks erhöhen.

Ähnliche Ergebnisse wurden auch bei Arbeiten zur Dekomposition von monolitischen Systemen auf Mikrokernen beobachtet. *SawMill* [8] implementiert ein Dateisystem als Server auf dem Mikrokern *L4*. Dieser Ansatz ist mit der Trennung auf Applikationsseite vergleichbar. Dagegen sind Trennungskonzepte für Hypervisor eher auf unteren Schichten zu finden: *XEN* [9] virtualisiert Platten- und Netzwerkzugriffe auf der Ebene von Blöcken und Ethernet-Frames. Dies bietet sich für Systeme im Server-Umfeld an, da hier vollständige Betriebssysteme virtualisiert werden.

Einen vergleichbaren Middleware-Ansatz wie DDS bietet *AUTOSAR* mit dem *Runtime Environment, RTE* [5]. Die RTE-Schicht besteht aus generiertem Code und ermöglicht den Datenaustausch zwischen Anwendungen auf verschiedenen Steuergeräten unabhängig von der verwendeten Übertragungstechnik (CAN, Ethernet, usw.). Ebenfalls können hier Anwendungen vom Rest des Systems, der sogenannten *Basis Software (BSW)*, getrennt werden. Allerdings ist AUTOSAR bisher auf Anwendungen aus dem Automobilbereich beschränkt.

Zusammengefasst zeigen die Ergebnisse, dass Trennungskonzepte (und damit mehr funktionale Sicherheit) ihren Preis haben. Den größten Faktor machen die Performance-Einbußen durch zusätzliche Kontextwechsel aus. In diesem Beitrag wurde eine Lösung gewählt, die die Trennung an der Schnittstelle zwischen Anwendung und Middleware vorsieht, um den Speicherbedarf für Netzwerk-Frames möglichst klein zu halten. Allerdings treibt dieser Ansatz den Speicherverbrauch für Stacks zusätzlicher Tasks in die Höhe. Somit ist eine Trennung immer ein Ausgleich zwischen RAM-Verbrauch (Puffer, Stacks), ROM-Verbrauch (geteilter Code, generierte Stubs) und Overhead durch zusätzliche Kontextwechsel.

In zukünftigen Arbeiten bietet es sich an, die Trennung auch an den anderen diskutierten Stellen zu implementieren und zu vermessen. Ebenso kann der bisherige Ansatz vom Speicherverbrauch her weiter optimiert werden.

Literaturverzeichnis

1. K. Beckmann, O. Dedi: *sDDS: A portable data distribution service implementation for WSN and IoT platforms*, WISES, 2015
2. Object Management Group: *Data Distribution Service*, Version 1.4, April 2015, http://www.omg.org/spec/DDS/1.4/ (abgerufen am 22.06.2016)
3. A. Züpke, M. Bommert, D. Lohmann: *AUTOBEST: A United AUTOSAR-OS and ARINC 653 Kernel*, RTAS, 2015
4. Lightweight TCP/IP Stack, http://savannah.nongnu.org/projects/lwip/ (abgerufen am 22.06.2016)
5. AUTOSAR AUTomotive Open System ARchitecture
6. AEEC: ARINC Specification 653: Avionics Application Software Standard Interface, 2010
7. Object Management Group, http://www.omg.org/ (abgerufen am 22.06.2016)
8. A. Gefflaut, T. Jaeger, Y. Park, J. Liedtke, K. Elphinstone, V. Uhlig, J. E. Tidswell, L. Deller, L. Reuther: *The SawMill Multiserver Approach*, 9th ACM SIGOPS European Workshop, 2000
9. B. Dragovic, K. Fraser, S. Hand, T. Harris, A. Ho, I. Pratt, A. Warfield, P. Barham, R. Neugebauer: *Xen and the Art of Virtualization*, SOSP, 2003

Sichere anonyme Aufwertung und Belastung elektronischer Geldbörsen

Jens Schreck

Lehrstuhl für Informationstechnik, insb. Realzeitsysteme
FernUniversität in Hagen, 58084 Hagen
jens.schreck@studium.fernuni-hagen.de

Zusammenfassung. Alle bekannten vorausbezahlten Guthaben werden unter eindeutigen Kennnummern geführt. Selbst wenn diese von Emittenten oder anderen Stellen nicht explizit Personen zugeordnet werden, handelt es sich dabei doch um Rollenpseudonyme, die sich nachträglich leicht konkreten Personen zuordnen lassen. Für viele Einsatzzwecke ist es jedoch wünschenswert, dass die Guthaben keinem identifizierbaren Kunden bzw. Kundenkonto oder keiner Kundennummer bei einem Emittenten zugeordnet werden und dass sich die aufeinander folgenden Belastungen eines Guthabens nicht nachträglich miteinander verknüpfen lassen. Diese Ziele werden erreicht, indem ein an einer Aufwertestelle für elektronische Geldbörsen neu hinzukommendes Guthaben auf mehrere Teilguthaben mit zufällig vergebenen Seriennummern derart aufgeteilt wird, dass die Summe der Teilguthaben dem in der elektronischen Geldbörse verfügbaren Guthaben entspricht, eine der Aufwertung folgende und das Guthaben nicht übersteigende Zahlung passend möglich ist und dass eines oder mehrere Teilguthaben komplett in eine Zahlung eingehen.

1 Einleitung

Personenkraftwagen werden zukünftig elektrisch fahren. Es ist noch unsicher, ob dieser Strom im Kraftfahrzeug generiert oder nur gespeichert wird. Sicher ist aus heutiger Perspektive aber bereits, dass die Personenkraftwagen der Zukunft in der Lage sind zum Tanken, zum Schnellladen oder zur Autowäsche autonom zu fahren und für diese Dienstleistungen im Namen des Halters zu bezahlen. Für diese neuen Einsatzzwecke werden datenschutzgerechte Zahlungssysteme unter Beachtung der Vorgaben der Datenschutzgrundverordnung zur Sicherheit der Verarbeitung, zur wirksamen Pseudonymisierung und zur Technikgestaltung benötigt [1]. In einem streng datenschutzgerechten Zahlungssystem bleibt der Sender der Zahlung anonym. Nur der Empfang einer Zahlung durch eine Autowaschanlage muss aus steuerlichen Gründen nachweisbar sein. Die Autowaschanlage muss darüber hinaus möglicherweise wissen welches Fahrzeugmodell gerade gewaschen wird, nicht aber wer der Halter des Fahrzeugs ist.

Eine nachträgliche Bezahlung, d.h. eine Zahlung auf Kredit, kann per se keine Senderanonymität gewährleisten und ist zwangsläufig immer mit einer Einschränkung der Privatsphäre verbunden. Im Unterschied dazu kommt ein auf

Guthabenbasis arbeitendes Vorkassesystem ohne Bonitätsprüfung aus. Aus einem rein technischen Verständnis heraus handelt es sich bei einem auf eine gesetzliche Währungseinheit basierenden Vorkassesystem um elektronisches Geld. Elektronisches Geld unterscheidet man in Karten- und Netzgeld. Für Netzgeld wird beim Emittenten unter einer Kennnummer ein Gegenkonto geführt. Der Wert eines Kartengeldguthabens wird unmittelbar auf dem mobilen Datenträger gespeichert und gerätetechnisch gesichert; ein Gegenkonto existiert nicht. Ein Personenkraftwagen mit elektronischer Geldbörse ist einem mobilen Datenträger gleichzusetzen [2]. Aufgrund der hohen Sicherheitsrisiken für seine Emittenten wird reines Kartengeld heute kaum noch verwendet. Stand der Technik sind hybride Zahlungssysteme, die auf mobilen Datenspeichern geführte Guthaben aus Sicherheitsgründen mit zentral geführten Schattensalden kombinieren [3]. Oft dient die eindeutige Kennnummer einer Prozessor-Speicherkarte als dauerhaftes Pseudonym, über das der Bezug zum Gegenkonto hergestellt wird.

Für den Mobilfunkbereich wurden Vorkasseverfahren entwickelt, deren übertragbare Guthabenkarten mit diskreten Werten an verschiedensten Verkaufsstellen angeboten werden. Die Kenntnis einer geheimen Kennnummer bzw. deren alphanumerischer Darstellung als Zeichenkette berechtigt zur Nutzung eines Guthabens. Bei den Kennnummern der papierbasierten Guthabenkarten handelt es sich um Pseudonyme, die jeweils nur für eine oder eine begrenzte Anzahl von Transaktionen gültig sind. Hauptnachteil dieser papierbasierten Vorkassesysteme und ihrer elektronischen Pendants, wie zum Beispiel der Telefonwertkarten, ist die mangelnde Wiederverwendbarkeit und damit mangelnde Eignung für automatisierte Bezahlvorgänge.

Alle marktüblichen Zahlungssysteme führen eindeutige Identifikationsmerkmale. Selbst wenn die Emittenten diese Kennungen nicht unmittelbar Personen zuordnen, können diese leicht mit konkreten Personen in Verbindung gebracht werden. Die Verkettung von Bezahltransaktionen ist dann ohne größeren Aufwand möglich. Auf schwachen Pseudonymen basierende Vorkassesysteme bieten dem Benutzer faktisch keine Anonymität. Für viele Einsatzzwecke ist es aber erwünscht, dass Guthaben nachträglich keinen Kundenkonten oder -nummern zugeordnet werden können und dass den Kunden vollständige Diskretion garantiert wird.

Micro Payment Transfer Protokolle nutzen oftmals einen öffentlichen kryptografischen Schlüssel für Benutzerkonten [4]. Micropayments auf Grundlage der Blockketten-Technologie werden als anonym bezeichnet, da insbesondere Bitcoins in der Vergangenheit häufig in Zusammenhang mit kriminellen Handlungen genutzt wurden. Die Anonymität beruht im ursprünglichen Konzept nur auf dem öffentlichen Schlüssel eines Kontos als Rollenpseudonym [5]. Darüber hinaus handelt es sich um reines Netzgeld. Im Katastrophenfall ist Netzgeld nicht nutzbar. Zur Identifizierung des Senders einer Zahlung genügt meist schon die Ermittlung der Netzwerkadresse, von der aus eine Transaktion generiert wurde [6]. Da alle Transaktionen für jedermann einsehbar sind, führt diese Technologie in einem entsprechenden gesellschaftlichen Umfeld und regulatorischen Rahmen zu einer effizienten Totalüberwachung.

Dass sich faktisch anonymes Kartengeld nicht durchsetzen konnte, hat neben Sicherheitsbedenken und Marketinginteressen einen weiteren Grund. Kartengeld wird häufig zusammen mit automatisierten Systemen eingesetzt, deren Fehlerfreiheit nicht nachzuweisen ist. Automaten kassieren nach dem Prinzip „Erst Geld, dann Ware" grundsätzlich im Voraus. Eine Rückerstattung wird eingeleitet, wenn die Steuerung eines Automaten feststellt, dass die gewünschte Ware nicht mehr vorhanden ist bzw. die Dienstleistung nicht erbracht werden kann. Wird die Rückerstattung durch eine Fehlfunktion auch dann ausgelöst, wenn das Guthaben vorab noch gar nicht belastet wurde, so kommt es zu einer ungewollten Geldschöpfung und es baut sich ein ungedecktes Guthaben auf [7].

Während ein solcher Fehler bei Einsatz von Bargeld sehr schnell aufgedeckt würde, kann der Fehler bei Kartengeld über einen sehr langen Zeitraum hinweg unentdeckt bleiben. Auffälligkeiten treten erst bei der Durchführung einer Inventur zu Tage. Selbst Prozessor-Speicherkarten mit Sicherheitsfunktionen bieten keinen Schutz gegen diese Art von Automatenfehlern, da die Automaten notwendigerweise über eine zur Prozessor-Speicherkarte kompatible Gerätetechnik und die zum Beschreiben erforderlichen Geheimnisse verfügen müssen. Das inplausible Erhöhungen von Guthaben oder illegale Kartenkopien durch zweckmäßige Verfahren zeitnah aufgedeckt bzw. vermieden werden liegt im Interesse des Betreibers eines Zahlungssystems. Die vorsorgliche Identifizierung des Nutzers des Zahlungssystems vereinfacht im Schadensfall die Strafverfolgung.

2   Verfahrensbeschreibung

Die in der Einleitung beschriebenen Herausforderungen bezüglich des Datenschutzes, der automatisierten Minderung bei Prozessstörungen und der Vermeidung einer ungewollten Geldschöpfung durch fehlerbehaftete Systeme werden durch das nachfolgend beschriebene Verfahren grundsätzlich gelöst. Das Verfahren ist zum Einsatz mit kontaktlosen Prozessorkarten nach ISO/IEC 14443 vorgesehen. Anstelle von Karten nach ISO/IEC 7810 können auch Klebeetiketten, Schlüsselanhänger o. ä. zum Einsatz kommen. Im Unterschied zu vielen bekannten Verfahren, werden deren eindeutige Kennnummern (UID) nicht mit dem verwalteten Guthaben in Verbindung gebracht und können nach jedem Schreibvorgang dynamisch durch eine zufällig vergebene neue UID ersetzt werden. Manche Mobiltelefone sind in der Lage Prozessor-Speicherkarten zu emulieren [8]. Nachfolgend wird unabhängig von der konkreten gerätetechnischen Ausprägung der Begriff elektronische Geldbörse oder kurz Geldbörse verwendet.

Das i. A. mit dem Emittenten der Kleinbetragsinstrumente bzw. des elektronischen Geldes identische Betreiberunternehmen verfügt über ein Aufwerteprogramm, dass über eine Nahfeldkommunikation auf die elektronische Geldbörse zugreift. Es erzeugt mittels eines geeigneten Algorithmus Teilguthaben, die auf die Geldbörse übertragen werden. Diese Teilguthaben entsprechen in ihrer Summe der offenen Forderung des Inhabers der Geldbörse gegenüber dem Emittenten. Der Status der offenen Forderungen bzw. Teilguthaben wird in einer mit dem Aufwerteprogramm verbundenen Schattendatenbank protokolliert.

Um bereits bei Aufwertung mittels Buchgeld ein Höchstmaß an Anonymität zu erreichen, wird auf eine Zuordnung der belasteten personenbezogenen Referenzkonten zu Teilguthaben verzichtet. Die nachträgliche Zuordenbarkeit von Kennnummern zu Personen wird verhindert, indem das Gesamtguthaben in einer Datenstruktur beschrieben wird, die eine Anzahl n, jeweils durch eine Seriennummer und einen kleinen diskreten Nominalwert dargestellte Teilguthaben enthält. Das Guthaben der elektronischen Geldbörse entspricht der Summe der n Teilguthaben. Diese weisen mit ihren Seriennummern und dem begrenzten Wertevorrat (Stückelung) die gleiche Anonymität wie Banknoten auf. Als Aufladung werden nur ein bestimmter Betrag bzw. wenige ausgewählte, runde Beträge zugelassen, sodass sich anhand der konkreten Beträge kein eindeutiger Bezug zu personenbezogenen Referenzkonten (Debit-, Kreditkarten, Girokonten usw.) herstellen lässt.

Der Wert jedes neuen Teilguthabens einer elektronischen Geldbörse wird als ein Nominalwert aus der Menge einer Stückelung S gewählt (vgl. Ausführungsbeispiel). Der aktuelle Restwert eines Teilguthabens muss Null oder ein Nominalwert aus der Menge der vorgegeben Stückelung S sein ($\{0, S\}$). Der Nominalwert eines Teilguthabens vor dem letzten Umsatz kann darüber hinaus unbestimmt sein. Unbestimmtheit ist immer dann gegeben, wenn eine Seriennummer durch eine aktuelle Transaktion neu geschrieben wurde. Der Restwert „alt" vor dem letzten Umsatz ist dann unbestimmbar und vom numerischen Wert Null klar zu unterscheiden. Deshalb wird diese nicht bestimmbare Information nachfolgend mit „Nil" bezeichnet und die Wertemenge wird zu $\{0, S, Nil\}$ [9]. Jede zulässige Codierung ist so aufgebaut, dass der Code für „Nil" den höchsten numerischen Wert aufweist und die absteigende Folge der Nominalwerte der Stückelungen zur gleichen Sortierreihenfolge wie die absteigende Sortierung der numerischen Werte der referenzierenden Codes führt.

Tabelle 1. Zuordnung der Menge $\{0, S, Nil\}$ zu den Restcodes

0	1	2	5	10	20	50	100	200	500	1000	2000	5000	10000	Nil
0_{hex}	1_{hex}	2_{hex}	3_{hex}	4_{hex}	5_{hex}	6_{hex}	7_{hex}	8_{hex}	9_{hex}	A_{hex}	B_{hex}	C_{hex}	D_{hex}	F_{hex}

Wie kann die Summe eines aufzuwertenden Betrags so auf neu erzeugte Teilguthaben aufgeteilt werden, dass jede nachfolgende Bezahlung aus der Summe der Teilguthaben passend ausgeführt werden kann? Bei sehr großer Kapazität des als Geldbörse verwendeten mobilen Datenträgers könnte der Betrag trivial so aufgeteilt werden, dass der Restwert jedes neu erzeugten Teilguthabens einem atomaren Nominalwert entspricht (z. B. einem Eurocent). Um die benötigten Ressourcen zu beschränken, minimiert das Verfahren die Anzahl der Teilguthaben. Dazu wird ausgehend von der trivialen Aufteilung maximal die Hälfte der Teilguthaben mit dem atomaren Nominalwert durch ein Teilguthaben mit einem möglichst großen Nominalwert ausgetauscht (siehe Listing 1). Jede nachfolgende Bezahlung kann dann immer noch passend ausgeführt werden. Dieser Vorgang wird für die verbleibenden Teilguthaben mit dem atomaren Nominalwert solange wiederholt, bis kein Austausch von Teilguthaben mit atomarem Nominalwert gegen einen höheren Nominalwert mehr möglich ist.

In eine darauffolgende Bezahltransaktion gehen eines oder mehrere Teilguthaben komplett ein, und zwar vorzugsweise so, dass die Summe der Teilguthaben gleich dem Betrag der Transaktion ist. Da Teilguthaben nur diskrete Restwerte entsprechend der vorgegebenen Stückelung annehmen können, ist passende Bezahlung nicht immer möglich. In einem solchen Fall erfolgt eine Überzahlung. Der verwendete Algorithmus stellt sicher, dass nach einer Überzahlung jede folgende Bezahlung wieder passend ausgeführt werden kann. Da Teilguthaben immer komplett in eine Bezahltransaktion eingehen, ist eine einfache nachträgliche Verkettung mehrerer Bezahltransaktionen anhand der Seriennummern der Teilguthaben ausgeschlossen.

Der Datensatz der Teilguthaben der elektronischen Geldbörse verfügt zusätzlich über eine Information zum Restwert „alt" vor dem letzten Umsatz, wobei der numerische aktuelle Restwert „neu" des Teilguthabens kleiner oder gleich dem Restwert vor dem letzten Umsatz sein muss. Abweichungen zwischen neuen und alten Restwerten werden nur für die Teilguthaben ausgewiesen, die in den letzten Umsatz eingegangen sind. Für jedes Teilguthaben i gilt folgende Zusicherung, die unabhängig von den Laufzeitumständen des zusammen mit diesem Verfahren genutzten Bezahlprogramms überprüft werden kann:

$$Restcode_{alt}[i] \geq Restcode_{neu}[i] \tag{1}$$

Unter Restcode wird die binäre Darstellung bzw. hexadezimale Codierung des Restwerts verstanden (siehe Tabelle 1). Der binäre Restcode für „Nil" besteht aus Einsen. Nach einer Rückerstattung des gesamten letzten Umsatzes sind die letzten Restcodes „alt" und „neu" aller Teilguthaben in der elektronischen Geldbörse jeweils gleich. Eine zweite fehlerhafte Rückerstattung des letzten Umsatzes würde die Zusicherung (1) verletzen. Unbegrenzte Aufwertungen durch eine fehlerbehaftete Geldrückerstattungsfunktion werden durch diese Zusicherung grundsätzlich ausgeschlossen. Speicherplatz für neue Teilguthaben kann wieder freigegeben werden, wenn beide Restwerte gleich Null sind. Zur Aufdeckung von Betrugsversuchen durch illegale Kopien der elektronischen Geldbörsen können buchhalterisch bereits abgerechnete Teilguthaben sowohl durch die Akzeptanzstellen, als auch durch den Emittenten in einer Schattendatenbank bis zum Ablauf der Verjährungsfrist gespeichert werden.

Unter Restwert wird der rechnerische Guthabenwert verstanden. Die Anzahl der Teilguthaben in der elektronischen Geldbörse ist gleich n. Der numerische, finanzielle Restwert mit „Nil" bezeichneter unbestimmter Werte ist immer Null. Die folgende Zusicherung (2) dient primär der Einhaltung der Wertgrenze für Kleinbetragsinstrumente nach § 675i BGB und ggf. anderer gesetzlicher Vorgaben oder Auflagen der Finanzaufsicht. Aus technischer Sicht wird gewährleistet, dass nicht mehr als n Teilguthaben zur Aufteilung benötigt werden.

$$Maximalguthaben \leq \sum_{i=0}^{n} Restwert_{neu}[i] \tag{2}$$

Zur Demonstration des Verfahrens und als Machbarkeitsnachweis, wurde die Android-App „AnonCard " als Ausführungsbeispiel in einem offenen Alphatest veröffentlicht. Die verwendeten Prozessor-Speicherkarten müssen über mindestens 888 Byte Nennkapazität verfügen. Die n=29 Teilguthaben der elektronischen Geldbörse sind nach dem NFC Forum Datenaustauschformat (NDEF) [10] als Datensatz abgelegt. Die Nutzdaten werden unter Einbeziehung eines geheimen Schlüssels und frei konfigurierbarer Informationen zum Zahlungssystem symmetrisch verschlüsselt. Zur Demonstration des dem Verfahren innewohnenden Schutzes gegen unbefugte Kartenkopien, wurden im Alphastadium keine hardwareseitigen Sicherheitsfunktionen der Prozessor-Speicherkarten aktiviert.

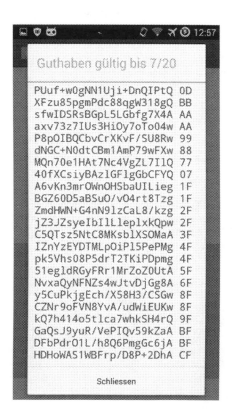

Abb. 1. Ausführungsbeispiel

Den prinzipiellen Aufbau eines Teilguthabens zeigt Tabelle 2. Die Restwerthistorie umfasst zwei Generationen, und zwar den aktuellen Restwert und den Restwert vor dem letzten Umsatz. Beide Restwerte werden aufeinander als Halbbyte gespeichert. Die Abrechnungseinheit (AE) entspricht in diesem Beispiel einem Eurocent. Als Maximalguthaben einer elektronischen Geldbörse sind 20000 AE bzw. 200 € zulässig.

Tabelle 2. Ausführungsbeispiel zum Aufbau eines Teilguthabens

Feld	Inhalt	Bit
Emmitent	Nummer des Aufwerters (optional)	0 – 7
Seriennummer	binäre Zufallszahl	8 – 223
Restwerthistorie	aktueller Restwert	224 – 227
	Restwert vor letztem Umsatz	228 – 231

Für die Teilguthaben im Ausführungsbeispiel wurde die Stückelung S in Anlehnung an Banknoten und Münzen verwendet. Für die Aufladung mittels Baroder Buchgeld von Referenzkonten zulässige Beträge sind 200 €, 100 €, 50 € 20 €, 10 € und 5 €. Für eine Aufladung mit 5 € muss das aktuell verfügbare Gesamtguthaben der Geldbörse 195 € oder weniger betragen. Durch eine anfängliche Aufladung leerer Geldbörsen werden folgende Teilguthaben T(Betrag) geschrieben: T(10 €) = {500 AE, 200 AE, 100 AE, 100 AE, 50 AE, 20 AE, 10 AE, 10 AE, 5 AE, 2 AE, 2 AE, 1 AE } und T(20 €) = {1000 AE, T(10 €)}. Durch eine Kombination der nach dieser Aufladung verfügbaren Teilguthaben kann jede folgende zulässige Bezahltransaktion passend ausgeführt werden. Einen Beispielalgorithmus zur Aufteilung eines beliebigen Betrages auf Teilguthaben entsprechend einer vorgegebenen Stückelung zeigt Listing 1:

Listing 1. Aufteilung eines Gesamtbetrags auf Teilguthaben (Python)

```
1 # Liste der Nominalwerte, Stueckelung
2 nom = [1,2,5,10,20,50,100,200,500,1000,2000,5000,10000]
3 n=len(nom)
4 # Liste der Teilguthaben pro Nominalwert
5 anz = [0]
6 for i in range(n-1): anz.append(0);
7
8 # Aufzuteilenden Gesamtbetrag eingeben
9 betrag=input("Betrag [AE]: ")
10 anz[0]=betrag/nom[0]
11
12 for i in range(n-1):
13     while anz[0]*nom[0]/2>=nom[(n-1-i)]:
14         anz[(n-1-i)]=anz[(n-1-i)]+1
15         anz[0]=anz[0]-nom[(n-1-i)]/nom[0]
16
17 for i in range(n): print anz[i],"x",nom[i], "AE"
```

Im ersten Verarbeitungsschritt beliebiger Transaktionen werden zunächst für alle Teilguthaben die Restcodes vor der letzten Transaktion mit den aktuellen Restcodes überschrieben. Dieser Schritt schreibt die zuvor durchgeführte Transaktion endgültig fest. Eine systemtechnische Annullierung oder Korrektur der vorangegangenen Transaktion (siehe unten) ist danach nicht mehr möglich. Auslöser für eine Annullierung oder Korrektur der letzten Bezahltransaktion könnten zum Beispiel sein, dass nicht die ursprünglich geplante Menge an Kraftstoff getankt werden konnte. Zur Rückerstattung wird für jedes Teilguthaben das Halbbyte des aktuellen Restcodes mit dem Halbbyte des Restcodes vor dem letzten Umsatz überschrieben. Das nochmalige Ausführen der Funktion zur Rückerstat tung führt folglich zu keiner weiteren Erhöhung des Guthabens der elektronischen Geldbörse. Die Seriennummern der Teilguthaben ändern sich dabei nicht. Im zweiten Verarbeitungsschritt wird der Speicherplatz von Teilguthaben mit der Restwerthistorie 00_{hex} zur Wiederverwendung freigegeben.

Im dritten Verarbeitungsschritt einer Bezahltransaktion wird geprüft, ob ein Guthaben in der benötigten Höhe zur Verfügung steht. Falls nicht, wird die Transaktion abgelehnt. Im vierten Verarbeitungsschritt wird geprüft, ob der abzurechnende Betrag aus den vorhandenen Teilguthaben passend beglichen werden kann. Im Anschluss an eine vorherige Aufwertung oder eine Bezahltransaktion mit Überzahlung ist dies immer garantiert. Dazu werden die Restcodes der betreffenden Teilguthaben durch eine Rechtsverschiebung um vier Bits auf 0 AE reduziert. Soll ausgehend von diesem Datenstand eine weitere Bezahltransaktion ausgeführt werden, so wird im vierten Verarbeitungsschritt unter Umständen festgestellt, dass eine passende Bezahlung nicht möglich ist und eine Überbezahlung erforderlich ist. Kann ein Kunde mit Bargeld nicht passend bezahlen, so optimiert er seine Münzauswahl üblicherweise in der Form, dass er die Überzahlung gering hält. Bei einer Forderung von 1,95 € bezahlt der Kunde vorzugsweise mit einer Zweieuromünze.

Das informationstechnische Verfahren unterscheidet sich in diesem Punkt grundlegend von der Praxis im Umgang mit Bargeld. Es garantiert, dass jeder zweite Zahlvorgang passend, d.h. ohne Rest, ausgeführt wird und die maximal zulässige Anzahl von Teilguthaben in der elektronischen Geldbörse nicht überschritten wird. Das Bezahlprogramm führt folgende Schritte aus:

a. Festlegung der Aufteilung des nach dem Bezahlvorgang verbleibenden Gesamtguthabens entsprechend dem Algorithmus in Listing 1
b. Ermittlung der von der Transaktion nicht betroffenen Teilguthaben der Geldbörse als Schnittmenge aller Teilguthaben der Wertkarte mit der Menge (a)
c. Belastung aller nicht ausgeschlossenen Teilguthaben der Geldbörse
d. Ermittlung des erforderlichen „Wechselgeldes" als Differenzmenge aus der Aufteilung (a) und den nicht betroffenen Teilguthaben der Geldbörse (b)
e. Schreiben des „Wechselgeldes" (d)

Wie nachfolgend gezeigt wird, kann ein Teilguthaben über längere Zeiträume als „Wechselgeld" im Umlauf gehalten werden. Bei herkömmlichen hybriden Systemen wird in der Schattendatenbank ein Gegenkonto zum Datenstand der Geldbörse geführt. Genau genommen handelt es sich um Netzgeld, welches um die Fähigkeit zur netzwerkunabhängigen Abwicklung von Zahlungen erweitert wird. Beim vorgestellten Verfahren wird das Guthaben ausschließlich auf dem mobilen Datenträger der Geldbörse gespeichert. Die Integrität und Authentizität der Geldbörse lässt sich durch einschlägige kryptografischen Verfahren einfach überprüfen. Die Schattendatenbank dient einzig zur Erkennung illegaler Kopien der Geldbörse. Das Wesen des Kartengeldes als Bargeldersatz bleibt erhalten. Gesetzt dem Fall, einem Angreifer gelingt es unter Überwindung der Sicherheitsfunktionen der Prozessor-Speicherkarte eine Kopie G_2 der Geldbörse G_1 herzustellen. Er kann dann mit einer der beiden Geldbörsen bezahlen. Angenommen er bezahlt mit $B_1 \subseteq G_1$. Nach Abschluss der Bezahltransaktion gilt:

$$G_2 = G_1 \cup B_1 \tag{3}$$

Ein Schaden für die Akzeptanzstelle oder den Zahlungsdienstleister tritt erst dann ein, wenn es dem Angreifer gelingt eine weitere Bezahltransaktion mit G_2 erfolgreich durchzuführen. Sobald eine Geldbörse von einer Akzeptanzstelle ausgelesen wird, erfolgt daher eine Plausibilitätsüberprüfung aller Teilguthaben mit einem Restwert größer Null. Im Falle eines Angriffs gilt für ein beliebiges Teilguthaben $t_a \in B_1$ gleichermaßen $t_a \in G_2$. Es genügt zur sicheren Erkennung eines Angriffs, ein zufällig aus B_1 ausgewähltes Teilguthaben t_a in der Schattendatenbank als aus dem Umlauf genommen zu protokollieren. Die Datensätze müssen bis zum Ablauf der Verjährungsfrist vorgehalten werden.

Die Teilguthaben aus der Differenzmenge $B_1 \setminus \{t_a\}$ können wieder in den Umlauf gebracht werden. Eine Überzahlung wird von der Software der Akzeptanzstelle vorrangig durch diese Teilguthaben ausgeglichen. Die Seriennummer des Teilguthabens t_a kann zur buchhalterischen Erfassung der gesamten Transaktion ohne Gefährdung der Anonymität des Nutzers als Transaktionspseudonym weiterverarbeitet werden. Die Abstreitbarkeit der Transaktion durch den Nutzer des Zahlungssystems bleibt gewahrt. Der Nutzer kann seinerseits die Anonymität aufheben und mit Verweis auf das Transaktionspseudonym im elektronischen Rechnungsbeleg Ansprüche aus einem Dienstleistungs- oder Kaufvertrag, wie zum Beispiel Minderungen, geltend machen.

3 Schlussfolgerungen

Das vorgestellte Verfahren trägt den Prinzipen des Datenschutzes durch Technikgestaltung Rechnung [12]. Pro Kalendertag wird schon bei zwei Aufwertungen mit dem Maximalguthaben eine 2-Anonymität erreicht [13]. Grundsätzlich kann jede Bezahltransaktion abgestritten werden. Der Zahlungsdienstleister ist nicht dazu in der Lage, Guthaben oder Transaktionspseudonyme einer bestimmten Person zuzuordnen. Unabhängige Bezahlvorgänge lassen sich nicht miteinander verknüpfen. Das Verfahren ist weitestgehend an den Umgang mit Bargeld angelehnt. Die Anonymität entspricht dem Umgang mit gewöhnlichen Banknoten.

Das Verfahren berücksichtigt mögliche Prozessfehler und erlaubt die Korrektur des jeweils letzten Umsatzes. Dies ist eine Voraussetzung für die Nutzung des Verfahrens in Prozesssteuerungen. Durch eine Zusicherungsprogrammierung können Zahlungsdienstleister einen umfassenden Schutz gegen eine unbegrenzte und über einen längeren Zeitraum unbemerkt bleibende elektronische Geldschöpfung realisieren. Das Verfahren gewährleistet, dass grundsätzlich auch im lokalen Betrieb Angriffe mittels illegal kopierter Geldbörsen erkannt werden können. Als Kartengeld arbeitet das beschriebene Verfahren im Katastrophenfall voll autonom weiter und kann auch ohne Weitverkehrsanbindung unbegrenzt als Insellösung betrieben werden.

Die möglichen Einsatzgebiete des Verfahrens sind vielfältig. Neben dem Einsatz in Branchen in denen Diskretion gefragt ist, können Zahlungsdienstleitungen für Kunden mit geringer Bonität angeboten werden. Das Verfahren eignet sich für alle Zahlungsabwicklungen, bei denen Sender und Empfänger der Zahlung in unmittelbaren Kontakt treten. Sender und Empfänger der Zahlung können Personen sein, wie Passagiere im öffentlichen Nahverkehr, Maschinen wie im Beispiel der Autowaschanlage oder Gegenstände, wie Frachtgut das seine Fracht bezahlt. Ausschlaggebend für die Eignung des Verfahrens ist die direkte Interaktion zwischen Sender und Empfänger der Zahlung im „Internet der Dinge".

Literaturverzeichnis

1. Artt. 35, 25, 32 VERORDNUNG (EU) 2016/679 DES EUROPÄISCHEN PARLA-MENTS UND DES RATES vom 27. April 2016 zum Schutz natürlicher Personen bei der Verarbeitung personenbezogener Daten, zum freien Datenverkehr und zur Aufhebung der Richtlinie 95/46/EG (Datenschutz-Grundverordnung)
2. Gemeinsame Erklärung der Konferenz der unabhängigen Datenschutzbehörden des Bundes und der Länder und des Verbandes der Automobilindustrie (VDA): Datenschutzrechtliche Aspekte bei der Nutzung vernetzter und nicht vernetzter Kraftfahrzeuge, Berlin/Schwerin, 26. Januar 2016
3. Volker Koppe, Thomas Lammer (Hrsg.): *Handbuch E-Money, E-Payment & M-Payment*, Die GeldKarte, das bessere Kleingeld, Physica-Verlag Heidelberg 2006
4. W3C Micro Payment Transfer Protocol (MPTP) Version 1.0 (1995)
5. Satoshi Nakamoto: *Bitcoin: A Peer-to-Peer Electronic Cash System*. Bitcoin Foundation, November 2008
6. Alex Biryukov, Dmitry Khovratovich, Ivan Pustogarov: *Deanonymisation of Clients in Bitcoin P2P Network*, University of Luxembourg, 2014
7. Mitarbeiterin gibt vor Arbeitsgericht Bereicherung an Automaten zu, http://www.hna.de/kassel/kuendigung-hing-raffinesse-734111.html, abgerufen am 7.7.2016
8. Host-based Card Emulation, https://developer.android.com/guide/topics/connectivity/nfc/hce.html, abgerufen am 16.4.2016
9. E.F. Codd: The 12 Rules, Systematic treatment of null values. http://computing.derby.ac.uk/wordpress/codds-twelve-rules, abgerufen am 30.11.2015
10. NXP Semiconductors N.V.: *NFC Forum Type Tags*, White Paper, V1.0 – 1.4.2009
11. J. Schreck, A. Noack und W. A. Halang: *Verfahren zur Aufwertung und Belastung anonymer Wertkartenguthaben*. Anmeldung 10 2016 002 715.0 beim Deutschen Patent- und Markenamt, 3. März 2016
12. Cavoukian, Ann: *Privacy by Design, The 7 Foundational Principles*, Revised: January 2011 Originally Published: August 2009
13. Latanya Sweeney: k-anonymity: A model for protecting privacy In: *International Journal of Uncertainty, Fuzziness and Knowledge-Based Systems*, Vol. 10, Issue 5, World Scientific, 2002, S. 557–570

Real-time and Security Requirements for Internet-of-Things Operating Systems

Maja Malenko and Marcel Baunach

Graz University of Technology
Institute of Technical Informatics - ITI
Graz, Austria
{malenko|baunach}@tugraz.at

Abstract. The Internet of Things (IoT) is a new emerging technology connecting an enormous number of networked computing devices embedded into arbitrary "things" of our daily life. IoT's presence spans from convenience applications to the most life-critical areas, and thus sets security and real-time execution as its most crucial requirements, relevant for both hardware and software. Traditional operating systems (OS) running on today's embedded systems are commonly unable to cover both requirements. In this paper we revisit existing concepts and present specific requirements for designing a novel OS kernel for the IoT. The dependable kernel will have to provide real-time execution and also offer guarantees on security at the same time.

1 Introduction

According to Sundmaeker et al. [1], IoT can be defined as a "dynamic global network infrastructure with self-configuring capabilities based on standards and interoperable communication protocols where physical and virtual 'things' have identities, physical attributes, and virtual personalities and use intelligent interfaces, and are seamlessly integrated into the information network".

Today it is very obvious that IoT is the new thing and as predictions say, it will be one of the 10 most disruptive technologies to enormously impact the society within the next decade [2]. Connecting a huge number of smart devices and affecting many life-critical application domains, the IoT must be a technology that does not fail, as failures may lead to disasters in the real world [3].

Dependability as a requirement consists of several attributes that measure the trustworthiness of a system, including availability, reliability, safety, integrity, confidentiality and maintainability. The IoT must meet all these requirements in order to persist, in hardware as well as in software. Today's embedded OSs are not yet ready to face this challenge. Prompted by that fact, the main objective of this paper is to present concepts and specific requirements for designing a novel OS kernel for the IoT that guarantees real-time execution and implements high levels of security at the same time.

Beyond, sustainability is another major challenge in the IoT, for both the middleware and the application software. Services and applications provided by

IoT devices will change continuously, demanding for requirement-driven software adaptation at runtime, and resulting in an enormous number of software variants over time. Thus, the dependable real-time kernel also needs to be specifically oriented towards supporting modular and dynamically composed applications.

Considering today's OSs for Wireless Sensor Networks (WSNs) or Cyber Physical Systems (CPS), there exist obvious trade-offs between real-time requirements and dependability. Most of the systems claim to be completely real-time oriented, thus leaving out security and protection features in favor of better performance [4]. If supported at all, dynamic composition of software comes without any dependability guarantees.

The remainder of this paper is organized as follows. First, the differences between IoT and classical WSN/CPS will be described, with special focus on the unique IoT dependability requirements. Then, the main design choices relevant to the implementation of an IoT OS will be discussed. With that being said, we will survey several open source and commercial OS as potential candidates and discuss their advantages and flaws regarding suitability in the IoT. The paper will be ended with a comparison and a conclusion.

2   Requirements for an OS for the IoT

IoT has infiltrated almost every aspect of our modern living, from smart connected homes to tracking and assisting health improvements, thus enhancing the comforts of our lives but also giving us more control by simplifying routine work life and personal tasks. Being large and heterogeneous, the application landscape for the IoT imposes vast range of requirements. Safety is number one requirement in health care applications, security is a must in retail industry, while automotive and smart home solutions will be feasible only with real-time operation. The OS as a base for application development must implement them all.

Typical IoT applications observe and manipulate the environment around them, collecting and exchanging data through sensors and actuators. Since the physical world is continuous in time and precise timing is crucial in great number of extremely restrictive use-cases, it is essential that the execution times of the applications stay within certain boundaries. These timing constraints require from the OS to be predictable, meeting all the deadlines.

As most current WSNs are rather local networks, attack scenarios require physical access to the targeted device [5]. In IoT, location proximity of an attacker is no longer required for threatening the system. Instead, there is the omnipresent danger of remote cyber-attacks. The greater the network becomes, the more data and information is exchanged, but also the more data can be stolen or manipulated. The more standardized devices get due to interoperability requirements, the more weaknesses can be easily exploited. Thus, large-scale IoT applications and services are increasingly vulnerable to attacks or information theft. That is the reason why dependability models for software execution in the presence of physical and virtual attacks must be defined [6]. Using protective barrier around the application code is not enough. Security and safety must be implemented at all system layers to provide a solid base for the application software.

The locality and application specific design of classical WSN/CPS devices also allows a static software implementation and manual hardware management, commonly reflected in monolithic firmware images. In contrast, IoT networks will change dynamically, making the whole system even more complex and less predictable. The state and number of devices changes dynamically, as well as their context. The services which IoT devices are offering will also change over time (due to changing requirements and standards). Therefore the software on these devices must also adapt dynamically at runtime. The simple dynamic loading or replacement of modules is not enough. Compatibility and interoperability checks must be conducted first by the OS to preserve the dependability of the remaining modules and the newly composed system.

Another key characteristic of IoT is the heterogeneity of hardware architectures available on the market. Over time, there will be a wide range of devices with different memory constraints, hardware resources, and radio technologies, requiring efficient portability of the OS. The OS must be lightweight and highly flexible, allowing an application to activate only those capabilities it needs, on demand. Talking about the memory footprint, the OS itself needs to consume little memory, but also needs to implement very efficient data structures and memory efficient methods to the application layer. While WSNs offer limited connectivity towards the outside world, regarding IoT, anything can be connected with the communication infrastructure. Thus, the OS should provide seamless connectivity and interoperability with the Internet, supporting a broad range of standard networking protocols.

The most important characteristic of the future IoT OS, which goes beyond the state of the art is the tight combination of all the features mentioned above to provide dependability guarantees. The kernel has to protect its own and the applications' resources by using novel security features, and at the same time it has to allow real-time code interaction and concurrency by applying advanced resource sharing concepts. Concerning both, generic methods for protecting memories, CPU and control flow must be co-developed and supported in hardware and software [7,8].

3 Design Choices for an OS for the IoT

3.1 Kernel Architecture

One of the first things which should be taken into account for every OS is the kernel architecture [9]. The structure of the kernel has an influence on the kernel size and also on the way in which services are provided to application programs. The kernel must be easy to verify for dependability.

The big battle today is between the concept of monolithic kernels and microkernels, even though hybrid kernels are used very often. They combine the aspects of both designs, having a similar structure as a microkernel while being implemented in monolithic kernel manner. A monolithic kernel has all its components running in kernel space, an approach designed to provide robust performance. Today, they even consist of different modules that can be dynamically loaded or unloaded, thus extending the OS's capabilities. Microkernels, on the other hand, reduce the services provided by the kernel, implementing many of them in user mode. The clear separation of services from the kernel provides better fault isolation and maintenance, as well as higher modularity, but at the same time introduces more complex and expensive inter-process communication. Exokernels also come into play as a very minimalistic approach, with as little as possible abstractions between the application and the hardware.

Closely related to the kernel structure are the features the kernel itself offers. When designing an OS for the IoT, we must take into consideration the various issues that arise from dynamically composed application software with changing task sets at runtime: the ability of the kernel to change task priorities, perform efficient interrupt handling with very small latency, task synchronization without priority inversion, inter-task communication, multi-core partitioning etc.

3.2   Scheduler

Another important aspect when choosing or designing an RTOS is the scheduler, as the applied scheduling strategy has significant impact on the resource usage and the timeliness of the system, as well as on the energy consumption and the programming model. Especially when the OS coordinates access to many system resources, the scheduler must handle intense cross-task and cross-core dependencies related to real-time and security requirements: priority inversion, deadlocks, isolation and protection issues, all of which become a severe threat to the dependability demand. All real-time scheduling algorithms strictly rely on priorities. A decision has to be made about the scheduling algorithm used in context of preemption, but also in context of changing priorities.

3.3   Programming Model and API

The programming model and API provided by the OS have significant impact on the application development, portability and maintenance. There are two main programming models in the RTOS domain, the memory-efficient event-based programming and the multitasking programming which eases the application design.

In event-based kernels task are implemented as a series of event handlers that run to completion. There is no need of per-task stacks, but the disadvantage is the difficulty of implementing tasks as state machines. In multitasking kernels, on the other hand, tasks can be preempted, they communicate via inter-process communication (IPC) and commonly run in their own context, thus producing bigger memory overhead caused by the context switch and per-task stacks. Even though event-based systems are memory efficient, the application design is much easier when using multitasking programming model.

Closely related to the programming model is the use of a programming language. Providing support for standard programming languages, as C, allows to use widely available and well known development tools. Using some OS-specific language or dialect can increase safety and system performance, but prevents use of mature development tools.

Developing a standard interface (API) to be used by developers is an aspect which must be taken into consideration. The OS API for the IoT must be architecture independent, and applications must stay well maintainable and easily portable to different hardware platforms.

3.4 Memory Allocation

It is well known that memory is usually a scarce resource in IoT devices, a reason why appropriate memory handling is another important design issue. The choice of statically or dynamically allocating the memory also affects other system design criteria. Static memory allocation means less flexibility, while dynamic memory allocation introduces more complexity and opens security and time related issues. Static memory allocation is in particular not suitable in case of dynamic changes to the application modules. Since the OS for the IoT must be able to support dynamic composition of application tasks, dynamic memory allocation is the best fit.

4 Overview of Existing OSs Suitable for the IoT

The OSs in existence today are not yet ready to face all the challenges the IoT imposes. In this section we will make a brief overview of several OSs which might be suitable candidates for IoT OS to some extent, meaning providing features that can be used when developing a new OS for the IoT. The main focus of this paper will be on open-source OSs, since they offer extensive material describing their internal design and implementation. We will briefly tackle the main characteristics and design choices of several commercial OSs.

4.1 Open-source OSs

TinyOS. TinyOS is one of the most dominant operating system in WSNs, built over a monolithic kernel. TinyOS and its applications are written in a C dialect, nesC [10], which is a lightweight, hardware independent language, intended to produce simple and easy to read code. The kernel code is statically linked with the application code, into a monolithic library. It supports many different hardware platforms, and also has an extensive networking support [11].

It is a component-based operating system, thus allowing modular programming. The FIFO scheduler is incorporated into the application and offers no real-time features or guarantees. The programming style of TinyOS follows the event-based principle. Run-to-completion unsynchronized tasks are executed in the same context and are only preempted by events, not by other tasks. When the task queue is empty, the system goes into sleep state until the next interrupt happens, thus saving power.

The simple event-based model, sufficient only for simple I/O applications, is difficult to handle real concurrency. This is the reason why a thread user-level library was developed, called TOSThreads. TOSThreads are fully preemptive threads which are allowed to be executed when all event handlers have finished their execution. They communicate to each other via message passing and are synchronized using standard primitives.

Contiki. Contiki was also developed as an operating system for WSNs and features a monolithic kernel architecture. It has a cooperative event scheduler. It provides several built-in network stack. Contiki is implemented in C and has been ported to a number of microcontroller architectures.

Although the programming model is event-based, where a process is defined by an event handler function, Contiki also supports protothreads. Protothreads are implemented per process as a special library module that is optionally linked with applications. The protothreads are non-preemptible lightweight threads, which allow context switches only when executing blocking operations. The kernel invokes the process's protothreads in response to internal or external event [12].

Contiki is divided into core and loaded programs, composed at compilation time. The core consists of the kernel, program loader, run time libraries and communication system, and is generally not modified after deployment. Unlike Tiny OS, Contiki is able to dynamically load programs during execution, producing a very flexible architecture. Software can be upgraded by dynamically downloading code.

FreeRTOS. FreeRTOS is a very minimalistic real-time microkernel ported to many microcontrollers [13]. In contrast to the previous two operating systems, the programming model in FreeRTOS is completely multitasking. It is small, simple and portable system, consisting of only several C files for task handling, communication, synchronization, and software timers. It uses a fixed-priority scheduler which can be configured to work in preemptive or cooperative mode. It doesn't provide its own network stack, but recommends the use of third-party stacks.

Even though FreeRTOS has been designed for maximum performance and minimum resource use, it lacks many safety critical features. That is the reason why SafeRTOS was designed [14]. It shares common functionality with FreeRTOS, runs on the same class of microcontrollers, and has similar memory requirements, but it is uniquely designed and certified for safety critical implementation in industrial and medical markets.

RIOT. RIOT is an operating system that follows a modular microkernel architecture which provides only the scheduler, process handling, and inter-process communication and synchronization mechanisms. It is entirely written in C and provides a uniform POSIX-compliant API, independent of the underlying hardware. RIOT provides a modular and configurable communication stack and support for a wide range of low-power devices.

The programming model is multitasking, where every task has its own stack. It uses only static memory allocation in the kernel, but dynamic memory management is provided for applications.

RIOT features a tickless, preemptive, priority based scheduler [15]. The idle thread is activated as long as there are no pending tasks (only external or kernel-generated interrupts can wake up the system). Its responsibility is to determine and enter the deepest sleep state, depending on the peripheral devices currently in use. Since the scheduler is priority based, context switches can occur either preemptively (on interrupts), voluntarily, or when a blocking operation is executed. RIOT provides efficient use of hardware timers, which can be used concurrently (since the kernel is tickless), thus offering the ability to schedule actions with high granularity.

seL4. seL4 is the security-oriented extension of L4, one of the smallest general-purpose kernels with an excellent performance. Sel4 follows a strict microkernel design, providing just a small number of services to applications, translating to a small C implementation. It runs on a variety of ARM and x86 processor architectures. SeL4 uses a modified model of inter-process communication using endpoints as destination, rather than thread IDs. The scheduling model it is called Benno scheduling, and the kernel is non-preemptible with strategic preemption points [16].

The primary focus in seL4 is on security, reliability and formal verification. It is the first operating system that has undergone formal verification, proving bug-free implementation. It is verified for data confidentiality, providing secure systems and also for data integrity, providing safety-critical systems. It is a very suitable candidate for real-time operation as it has a verified temporal integrity [17].

In seL4, access rights to kernel services are conferred by capabilities. If an application wants to use a service, it must first invoke a capability in its possession with sufficient rights for the requested service. This way, software components are isolated from each other and their communication is controlled.

Zephyr. Zephyr is a minimal OS designed on top of a small-footprint kernel that can work as a nanokernel and microkernel. Because of its kernel specification, it allows an application to incorporate only the needed capabilities, making it a highly configurable and modular system. It supports applications written both in C and C++ and is supported by multiple hardware architectures. Multithreading service in Zephyr is realized in three types of execution contexts: preemptible task context for lengthy and complex computations, non-preemptible fiber context for critical work performance, and interrupt context for executing ISRs that take precedence over the previous two [18].

It has a single address space, where both application and kernel code are located. All system resources are defined at compilation time, which reduces code size and increases performance. This property makes it insecure, but on small microcontrollers on which only one application is executing, this disadvantage is acceptable. Zephyr uses a cryptographic library for communication security, but device security is still neglected.

4.2 Commercial OSs

There also exist a vast number of commercial OSs that claim to be designed specifically for the IoT – many of them with the security aspect in mind.

QNX Neutrino is a microkernel based RTOS that runs on almost every processor architecture in the embedded market, and is completely compatible with POSIX standards. It offers a huge set of security mechanisms built directly into the kernel: control of system privilege levels, encrypted file systems, read-only file systems, memory protection, and reduced set of security attacks. Time-tested and field-proven, QNX Neutrino sets the industry standard for reliability, fault tolerance, and scalability [19].

VxWorks is a monolithic kernel based RTOS, ported on many ARM, PowerPC, and Intel platforms, and extensively used in aerospace, defense, automotive, and medical industries. It has been certified for real-time systems, reliability, and security-critical applications. It offers POSIX standard interfaces and C++ development support. The optional add-on Security Profile for VxWorks delivers a comprehensive set of features to efficiently and effectively protect devices, data, and intellectual property. The optional add-on Safety Profile for VxWorks delivers advanced safety partitioning capabilities [20].

LynxOS is a UNIX-compatible, POSIX-compliant RTOS. It is designed to be used in time-critical applications where predictable real-time response is crucial. It has been ported many processor architectures, including PowerPC, ARM, Intel, etc. LynxOS has two versions: LynxOS-178, designed for use in safety-critical systems, and LynxSecure, used in security-critical platforms [21].

5 Comparison

Aside from the basic OS implementations in the sensor community (TinyOS, Contiki, Zephyr) mentioned above, a large amount of work is devoted to improving OS capabilities in different dimensions (improving OS reliability, providing real-time support, and extending the security and safety requirements).

The OSs discussed above mostly claim to provide real-time capabilities. Exceptions are TinyOS and Contiki, which still are the dominant OS representatives in WSNs and feature small memory footprints and low computational requirements. In contrast to all the other OSs, only TinyOS and Contiki have event-based programming model, in which flow of the data is determined only by events, but they partially support multithreading using TOSThreads and protothreads. The programming model in all the other OSs is multitasking.

All the RTOSs discussed above have microkernel design, which is typically less prone to errors, modular, and at the same time allows for easier validation than monolithic kernels. Regarding the validation, only seL4, of all the mentioned open-source OSs has formally verified bug-free implementation. It is the only one also verified for data confidentiality and temporal integrity. SafeRTOS also has certified safety critical implementation, but in the other open-source OSs safety and security issues still remain open. The commercial OSs claim to have incorporated them in their design.

The support for multiple connectivity protocols is present in almost all OSs, as well as the support for multiple processor architectures.

Most of the OSs are coded in standard C language, which makes them relatively easy to learn and program. The main drawback of TinyOS is the ones need to learn the specific nesC language in order to be able to work with it.

The surveyed OSs were all designed to use minimal memory (in order of kilobytes) as they were mainly developed to run on constrained devices. Although it is commonly believed that IoT devices should have low-cost hardware, so that the planet can be flooded with them, low-cost is not the solution for every application, especially when IP networking is concerned. That is why the generic OS for the IoT should be able to use the capabilities of more powerful platforms as well.

Even though some of the mentioned OSs are capable of simple dynamic loading and replacement of modules, they can not guarantee compatibility and interoperability of the loaded module to the remaining modules in the system. This dynamic software component composition at runtime is directly imposed by the dynamic and adaptive characteristics of the IoT, thus easing the configurability of its complex systems.

Even though some of the OSs stated above have modular kernel architecture, one of the most important concept lacking in all of them is a reasonable dynamic resource sharing concept.

6   Conclusion

The trade-offs between real-time execution and security in today's embedded operating systems are unacceptable for the IoT. In particular, statically designed software for WSN and CPS applications does not comply with the IoT's philosophy of being a truly dynamic and adaptive network, needing dynamic composition of software components at runtime. There are plenty of OSs available in the market that can provide some of the characteristics the IoT requires, but none of them is capable of fulfilling all dependability requirements of the heterogeneous system to be expected. That is the reason why a new OS should be designed, able to incorporate all the lacking functionalities the IoT requires.

Acknowledgment

This work was performed within the Lead-Project "Dependable Internet of Things in Adverse Environments", subproject "Dependable Computing", funded by Graz University of Technology, Graz, Austria.

References

1. JSundmaeker, H., et al (eds). *Vision and Challenges for Realising the Internet of Things.* CERP-IoT. European Commission – Information Society and Media, Luxembourg, 2010.
2. Gartner. *Top 10 strategic technology trends for 2014.* `http://www.gartner.com/technology/research/top-10-technology-trends/`, 2014.
3. Vermesan, O., and Friess, P. *Internet of Things: Converging Technologies for Smart Environment and Inegrated Ecosystems.* River Publishers, Denmark, 2013.
4. Tavares, A., Didimo, A., Montenegro, S., Gomes, T., Cabral, J., Cardoso, P., and Ekpanyapong, E. *RodosVisor – an object-oriented and customizable hypervisor: The CPU virtualization.* 1st IFAC Conference on Embedded Systems, Computational Intelligence and Telematics in Control (CESCIT 2012), pages 200-205, Apr. 2012.
5. Farooq, M.O., and Kunz, T. *Operating Systems for Wireless Sensor Networks: A Survey.* Sensor, 2011.
6. Meyer, B. *Dependable Software. Dependable Systems: Software, Computing, Networks.* Lecture Notes in Computer Science. Springer-Verlag, 2006.
7. Baunach, M. *Dynamic hinting: Collaborative real-time resource management for reactive embedded systems.* Journal of Systems Architecture-Embedded System Design, 57(9):799-814, 2011.
8. Iyer, V., and Tunsrall, M. *Fault Analysis in Cryptography. Information Security and Cryptography.* Springer, 2012.
9. Ramming, F., et al. *Basic Concepts of Real Time Operating Systems.* Springer Science + Business Media, 2009.
10. Gay, D., et al. *The nesC language: A holistic approach to networked embedded systems.* PLDI '03 Proceedings of the ACM SIGPLAN 2003 conference on Programming language design and implementation, 2003.
11. Levis, P., et al. *TinyOS: An Operating System for Sensor Networks.* Springer Berlin Heidelberg, 2005.
12. Dunkels, A., Grönvall, B, and Voigt T. *Contiki - a Lightweight and Flexible Operating System for Tiny Networked Sensors.* 29th Annual IEEE International Conference on Local Computer Networks, LCN 2004.
13. *The FreeRTOS Reference Manual.* Real Time Engineers Ltd., 2014.
14. *SAFERTOS Features and Licensing.* HighIntegrity System, 2011.
15. Bacceli, E., et al. *RIOT OS: Towards an OS for the Internet of Things.* IEEE Conference on Computer Communications Workshops (INFOCOM WKSHPS), 2013.
16. *seL4 Reference Manual Version 3.0.1.* Trustworthy Systems Team, NICTA, 2016.
17. Klein, G., et al. *seL4: Formal Verification of an OS Kernel.* 22nd ACM Symposium on Operating Systems Principles, New York, 2009.
18. *Zephyr Project Documentation.* `https://www.zephyrproject.org/doc/`
19. *QNX Neutrino RTOS System Architecture.* QNX Software Systems Limited, 2014.
20. *VXWORKS 7 The Safe and Secure RTOS for the Internet of Things.* Wind River Systems, 2015.
21. Franz, S., *LynxOS RTOS (Real-Time Operating System).* 2005.

RIOT – das freundliche Echtzeitbetriebssystem für das IoT

Peter Kietzmann[1], Thomas C. Schmidt[1] und Matthias Wählisch[2]

[1] Internet Technologies Group, Department Informatik
Hochschule für Angewandte Wissenschaften Hamburg, 20099 Hamburg
{peter.kietzmann|t.schmidt}@haw-hamburg.de
[2] Institut für Informatik,
Freie Universität Berlin, 14195 Berlin
m.waehlisch@fu-berlin.de

Zusammenfassung. Das „Internet der Dinge" (IoT) beschreibt die Entwicklung, wie maschinengebundene, eingebettete Systeme schrittweise Standardprotokolle der Internet-Welt adaptieren und damit selbst Teil des globalen Inter-Netzwerks werden. Das IoT wächst gegenwärtig sehr schnell und eine zunehmende Professionalisierung erfordert den Einsatz einer Systemarchitektur, die Hardware und Kommunikationskomponenten in der Abstraktionsschicht eines Betriebssystems zusammenführt. In dieser Arbeit stellen wir die Grundarchitektur von RIOT vor und fokussieren insbesondere auf (i) den echtzeitfähigen Mikro-Kernel mit seinem tickless Scheduler sowie (ii) den frisch aktualisierten Netzwerk-Stack von RIOT, welcher heterogene Interface-Treiber mit gängigen IoT-Protokollen in einer modular geschichteten Architektur vereint.

1 Einleitung

Das Aufkommen des „Internet der Dinge" (IoT) [1] erfordert den Einsatz von Software, welche die Hardwareressourcen von Kleinstgeräten verwaltet und die verschiedenen „Dinge" vernetzt. Die Wiederverwendbarkeit von Code und eine bekannte Programmierumgebung für Entwickler, beschleunigen den Entwicklungsprozess. RIOT, das freundliche Betriebssystem für das Internet der Dinge, bildet eine solche professionelle Abstraktionsschicht; seit seiner Einführung auf der IEEE INFOCOM 2013 erfreut sich dieses vollständig offene System einer schnell wachsenden Beliebtheit. RIOT zielt auf eine modulare Architektur mit anwenderfreundlicher Abstraktionsschicht, welche u. a. auf einer weitgehenden POSIX-Kompatibilität mit Unterstützung von C und C++ aufbaut.

Zu Unterscheiden sind zwei Gerätetypen: (i) Desktop Rechner, Smartphones oder Router, welche ausreichend Ressourcen haben, um herkömmliche Betriebssysteme wie Linux, BSD oder deren Derivate (z.B. uClinux oder OpenWRT) zu unterstützten, und (ii) eingebettete IoT-Geräte [2] mit eng begrenzten Ressourcen, welche trotzdem Standardprotokolle der Internetwelt adaptieren. Die Ressourcenknappheit macht es den IoT-Geräten unmöglich, etablierte Standard-Betriebssysteme, wie beispielsweise Linux, zu betreiben.

RIOT [13] gilt als Linux-ähnliches Betriebssystem für IoT-Geräte und ist im Fokus dieser Arbeit. In Kapitel 2 geben wir einen Überblick über die Anforderungen an ein IoT-Betriebssystem und die Lösungsansätze verfügbarer Alternativen. In Kapitel 3 wird das Mikro-Kernel Konzept von RIOT erläutert und seine Echtzeitfähigkeit untersucht. In Kapitel 4 stellen wir das Netzwerk-System von RIOT vor. Für den Standard Netzwerk-Stack in RIOT (GNRC) werden detaillierte Leistungsmessungen dargestellt. Die Ergebnisse werden mit Messungen existierender Netzwerk-Stacks verglichen, welche in RIOT portiert wurden.

2   Anforderungen an ein IoT-Betriebssystem

Ein Betriebssystem hat vorrangig zwei Aufgaben: (i) die Bereitstellung von Schnittstellen zu Hardware-Ressourcen und (ii) die Verwaltung dieser Ressourcen. Neben der Hardware-Verwaltung stellen Betriebssysteme Software-Stacks bereit, um Geräte miteinander zu vernetzen. Die Heterogenität verfügbarer Hardware und die knappen Ressourcen typischer Klasse 0 bis 2-Geräte [2], erschweren die Entwicklung. Durch einen hohen Grad an Hardwareabstraktion unterstützt RIOT verschiedene Hardwarearchitekturen und macht Gerätetreiber wiederverwendbar. Sein modularer Mikro-Kernel erlaubt es, auch strengste Speicheranforderungen zu erfüllen. RIOT implementiert standardisierte IoT-Protokolle. Der Scheduler erlaubt lange Schlafzyklen zur Energieoptimierung und ist trotzdem echtzeitfähig. RIOT ist unter der freien Lizenz LGPLv2 veröffentlicht.

Hardwareabstraktion Typische IoT-Geräte bestehen aus Mikrocontroller (MCU) und externer Peripherie (z.B. Sensoren oder Radios) welche über I/O Standards wie SPI oder I2C verbunden sind. Die MCU besteht aus CPU (8 bit, 16 bit oder 32 bit), Speicher und interner Peripherie. Aufgrund der umfangreichen und heterogenen Hardware, unterstützen verschiedene Betriebssysteme teilweise nur einzelne Architekturen, z.B. mbedOS [3] für 32 bit ARM Cortex M Plattformen. Contiki [4] und TinyOS [5] unterstützen heterogene Plattformen [6].

Speichereffizienz Im Gegensatz zu herkömmlichen internetfähigen Geräten, haben z.B. Klasse 1 Geräte nur ca. 10 kB RAM und 100 kB ROM [2]. Das Betriebssystem muss den verfügbaren Speicher einhalten und ausreichend Reserven für Netzwerk-Stack und Anwendung allozieren. IoT-Betriebssysteme greifen häufig auf nicht-standardisierte Programmier-Paradigmen zurück, um den Speicheraufwand zu reduzieren. Contiki basiert auf einer leichtgewichtigen, Ereignisbasierten Programmierung mittels sog. „Protothreads" [8], während TinyOS in der C-angelehnten Sprache „nesC" [7] programmiert wird, welche die Speicheranforderungen minimiert. Nachteile sind die Notwendigkeit besonderer Fachkenntnis der Programmierung und eine geringe Wiederverwendbarkeit des Codes. Ansätze wie Zephyr [9] setzen auf flexible Mikro- oder Nano-Kernel Architekturen, welche lediglich einige hundert Bytes in Anspruch nehmen.

Netzwerkfähigkeit Die Übertragung von IPv6 stellt Anforderungen an die Schicht 2 im Netzwerk-Stack, welche typische Übertragungsmedien im IoT nicht erfüllen (z.B. 802.15.4 oder BLE). Dies erfordert den Einsatz von standardisierten Adaptionsprotokollen [12] wie beispielsweise 6LoWPAN [11].

Energieeffizienz IoT-Geräte sind für den Batteriebetrieb ausgelegt [16]. Dies erfordert den Einsatz effizienter Hardware und ein Energie-Management, welches sicher stellt, dass: (i) MCU, Radio und Peripherie möglichst lange im Ruhemodus bleiben. Das Radio ist dabei im „Idle Sleep" Zustand zu halten, um das Empfangen von Paketen zu gewährleisten. (ii) Der Netzwerk-Stack eine effiziente Sicherungsschicht [17] und Nachrichten-sparsame Protokolle auf Netzwerk-, Transport- und Anwendungsschicht implementiert. Contiki und TinyOS unterstützen solche Mechanismen und bieten Netzwerk-Stacks mit gängigen, energiesparenden IoT-Protokollen.

Echtzeitfähigkeit und Zuverlässigkeit IoT-Szenarien wie beispielsweise taktiles Internet [18] erfordern deterministische Reaktionszeiten. Mikro-Kernel-Ansätze wie FreeRTOS [19] oder ITRON [20] erfüllen Echtzeitanforderungen und definieren eine obere Grenze für Latenzen, sind jedoch nicht für lange Schlafzeiten ausgelegt. Die Anforderung der Energieeffizienz steht oft in Konflikt mit der Reaktionszeit des Systems. Contiki und TinyOS erfüllen keine Echtzeitanforderungen.

Sicherheit und Modifizierbarkeit Um einen hohen Sicherheitsstandard zu gewährleisten, wird die Verwendung von Open Source empfohlen [21]. Contiki und TinyOS werden unter der MIT/BSD Lizenz verbreitet welche es Herstellern erlaubt, den Quelltext des Betriebssystems in proprietäre Software umzuwandeln. Dies kann die Interoperabilität gefährden und erschwert die Weiterentwicklung sowie das Fortbestehen des Codes.

3   Der Betriebssystemkern in RIOT

Mikro-Kernel Der Betriebssystemkern in RIOT ist ein Mikro-Kernel, welcher aus den Basisfunktionen Scheduler, Interprozesskommunikation (IPC) und Thread-Synchronisation (Mutex) besteht [10]. Weitere Funktionalitäten werden als Module hinzugefügt, welche über eine schlanke API mit dem Kernel kommunizieren. Diese modulare Architektur ist speicherplatzeffizient und erlaubt einfaches Konfigurieren und Erweitern des Systems. Weiterhin führt der Mikro-Kernel Ansatz zu einem hohen Grad an Stabilität, da Fehler in externen Modulen, z. B. in Treibern oder dem Netzwerk-Stack, den Kernel nicht zwangsweise zum Absturz bringen.

Scheduling und Echtzeit IoT-Geräte benötigen Mechanismen, um den Energieverbrauch zu minimieren. Der Scheduler in RIOT implementiert keine zyklischen Systemticks. Wenn das Betriebssystem keine Aufgaben abzuarbeiten hat, können MCU und angeschlossene Geräte (insbesondere Radios) beliebig lange im Ruhemodus gehalten werden, um Energie zu sparen. Das System kann nur durch externe Interrupts aufgeweckt werden, z.B. durch den I/O-Pin eines Radios oder einen Hardware-Timer.

RIOT implementiert präemptives, klassenbasiertes Prioritätsscheduling. Threads haben statische Prioritäten und werden entsprechend dieser abgearbeitet. Threads mit niedriger Priorität können unterbrochen werden, was die Notwendigkeit einer Kontextsicherung mit sich bringt. Threads mit gleicher Priorität sind möglich und müssen die CPU-Zeit kooperativ teilen. Ansonsten behält der aktive Thread mit höchster Priorität den CPU-Zugriff bis zu seiner Abarbeitung.

In RIOT stehen 16 Prioritäten zur Verfügung. Jede Priorität wird abgebildet auf eine zirkulare, verlinkte Liste fester Größe, welche Referenzen (Zeiger) auf abzuarbeitende Threads dieser Priorität enthält. Bei einem Kontextwechsel wird immer der erste Eintrag aus der Liste der höchsten Priorität ausgewählt. Kontextwechsel können durch unterschiedliche Ereignisse ausgelöst werden.

`thread_create()` und `thread_wakeup()`: Wird ein neuer Thread erstellt oder ein schlafender Thread aufgeweckt, wird dieser anhand seiner Priorität in die entsprechende Liste eingetragen. Hat der aufgeweckte Thread eine höhere Priorität als der derzeit aktive Thread, wird auch dieser als ausstehend in seine zugehörige Liste aufgenommen und es geschieht ein Kontextwechsel.

`thread_yield()`: Ein Thread gibt aktiv den CPU-Zugriff ab. Sein Eintrag wird der Liste an letzter Stelle angehängt. Die Referenz auf den nächsten abzuarbeitenden Thread, wird auf den zweiten Eintrag in der Liste gesetzt, womit dieser der nächste Thread ist, welcher den CPU-Zugriff erhält. Alle weiteren ausstehenden Threads in dieser Liste rücken in der Abarbeitungsreihenfolge automatisch um eine Position vor.

`thread_sleep()`: Das Schlafenlegen entfernt einen Thread aus seiner Liste. Der nächste Thread, welcher CPU-Zugriff erhält, ist der nächste abzuarbeitende Thread in dieser Prioritätsliste, oder der erste Thread aus der Liste der nächstniedrigen Priorität, usw. .

Die wesentlichen Operationen (i) Umsetzen der Referenz des nächsten abzuarbeitenden Threads in einer Liste und (ii) Auffinden des Threads mit der höchsten Priorität, sind für die Laufzeit eines Kontextwechsels verantwortlich. (i) Ist unabhängig von der Anzahl an Threads, da lediglich die Referenz auf den ersten Eintrag einer Liste verschoben und der vorangegangene Thread der Liste angehängt wird. (ii) Ist unabhängig von der Anzahl an Threads, da der Scheduler maximal 16 Prioritäten durchlaufen muss und immer den ersten Eintrag der Liste auswählt. Das Scheduling ist somit unabhängig der Systemlast und garantiert Laufzeiten in $O(1)$. Bei geeigneter Vergabe von Thread-Prioritäten, ermöglicht das deterministische System Echtzeitfähigkeit mit RIOT.

Interrupt Abwicklung und Latenzen Die Interrupt-Latenz ist ein wichtiger Leistungsparameter für Betriebssysteme. In einem präemptiven Multi-Threading Betriebssystem müssen Interrupts durch den Kernel geleitet werden, um den Kontext laufender Threads vor Abarbeitung der Interrupt Service Routine (ISR) zu sichern. Dies ist besonders wichtig, da neue Threads mit höherer Priorität aus dem Interrupt-Kontext erstellt werden können, welche nach dem Beenden der ISR den CPU-Zugriff erhalten müssen. In RIOT ist die Abarbeitungsreihenfolge folgendermaßen geregelt: Ein Interrupt tritt auf, das System springt in den Kernel, wo der aktuelle Kontext gesichert wird, und die ISR wird im Interrupt-Kontext aufgerufen. Diese Abfolge garantiert eine begrenzte Interrupt-Latenz, unabhängig von der Systemlast. Nach der Abarbeitung kehrt die ISR in den Kernel zurück. Dort wird ermittelt, ob ein Kontextwechsel nötig ist, oder der unterbrochene Thread wieder den CPU-Zugriff erhält. Im zweiten Fall muss der

Scheduler nicht aufgerufen werden und der unterbrochene Thread erhält sofort den CPU-Zugriff. Dies trägt maßgeblich zur Verringerung der Scheduling-Latenz nach einem Interrupt bei.

4 Netzwerk-Stacks in RIOT

RIOT unterstützt verschiedene Netzwerk-Stacks, welche u.A. auf IPv6, ICN (Information-Centric Networking) [14] und 6TiSCH (IPv6 over the TSCH mode of IEEE 802.15.4e) [15] basieren. In diesem Kapitel wird der Standard IPv6 Netzwerk-Stack (GNRC) in RIOT vorgestellt, vermessen und anschließend zwei alternativen Implementierungen gegenübergestellt.

4.1 Aufbau des GNRC-Netzwerk-Stacks

Der schematische Aufbau des GNRC-Netzwerk-Stacks ist in Abbildung 1 dargestellt. *conn* ist eine Programmierschnittstelle, welche die Benutzung von Standardprotokollen von der unterliegenden Netzwerk-Stack Implementierung abstrahiert. Die *conn* API wird außerdem von einem Software-Wrapper umfasst, um POSIX Kompatibilität herzustellen. GNRC kapselt jede Protokollimplementierung in einem eigenen Thread. Zwischen den Netzwerk-Modulen kommunizieren die heterogenen Komponenten über ein einheitliches Interface, die *netapi* Schnittstelle. Der Nachrichtenaustausch basiert auf der IPC-Infrastruktur des Betriebssystems mit einer Message Queue in jedem Thread. Dies erlaubt die Einbindung unterschiedlicher Software- und Hardwaremodule oder ganzer IP-Stacks in RI-

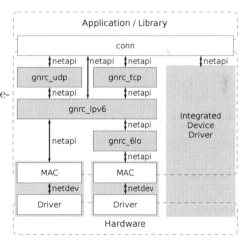

Abb. 1. Rekursive Architektur von GNRC.

OT. Ähnlich zu UNIX STREAMS [22] ist eine einfache Verkettung von Modulen durch die gemeinsame API jedes Moduls möglich. *netdev* ist eine generalisierte Gerätetreiber API zur Abstraktion von Hardware-Spezifika. Der Treiber besteht aus den Basisfunktionen init(), send()/recv(), get()/set() und isr(). *netreg* (hier nicht dargestellt) ist eine Koordinierungsinstanz, bei der sich jedes Modul/Thread des Stacks registriert. Sie regelt die Verarbeitungskette von Modul zu Modul. *pktbuf* (hier nicht dargestellt) ist der zentrale Paketspeicher mit de-duplizierender Datenhaltung. Er verwaltet Datenblöcke (*snips*) verschiedener Größen, welche einzeln bearbeitet werden können. Ein *snip* repräsentiert typischerweise die Payload bzw. die einzelnen Protokoll-Header.

4.2   Leistung einzelner Software-Schichten

Im Folgenden wird die Leistungsfähigkeit von GNRC in RIOT evaluiert und der Aufwand einzelner Komponenten quantifiziert. Die modulare Architektur des GNRC Netzwerk-Stacks mit der Aufteilung in mehrere Threads und uniformen Schnittstellen, ermöglicht einfaches Austauschen, Erweitern und Konfigurieren der Software-Komponente. Dies induziert jedoch einen Mehraufwand gegenüber monolithischen Ansätzen, insbesondere durch die Verwendung von IPC. Alle nachfolgend aufgeführten Messungen wurden auf einem iotlab-m3 IoT-Board [23] durchgeführt (Klasse 2 Gerät).

Die empirische Ermittlung der Leistungfähigkeit einzelner Software-Schichten im Netzwerk-Stack erfolgt mithilfe eines Testprogramms. Dieses versendet Datenpakete, welche an unterschiedlichen Positionen im Netzwerk-Stack reflektiert und wieder empfangen werden. Gemessen wurden Konfigurationen über (i) das IP Loopback und (ii) einen minimalen Reflektor auf Schicht 2 (L2 Reflektor). Der Gerätetreiber ist nicht Teil dieser Messung. Durch das Eingeben von Paketen über verschiedene *conn* APIs, hier UDP- und *RAW*- IPv6, kann der Aufwand einzelner Schichten geschätzt werden.

Datendurchsatz In Abbildung 2 ist der effektive Datendurchsatz einer UDP-Anwendung dargestellt. Die Ergebnisse für IP Loopback und L2 Reflektor weichen deutlich voneinander ab, was auf die 6LoWPAN Implementierung zurückzuführen ist. Der Aufwand durch die Paketfragmentierung wird durch den stufenförmigen Verlauf der L2 Reflektor Graphen sichtbar. Mit annähernd 10 Mbit/s (unidirektional) auf der IP-Schicht, ist das IoT-Gerät trotz stark begrenzter Hardware-Ressourcen in der Lage, an 802.11a/b Netzwerken teilzunehmen. Der Durchsatz von einigen Mbit/s auf Schicht 2 ist ausreichend hoch für LoWPANs. Der Vergleich zwischen RIOT *Conn* und der POSIX API zeigt einen geringen Einfluss.

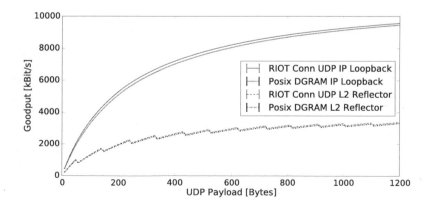

Abb. 2. Effektiver UDP-Durchsatz (Goodput), gemessen in einer Schleife. Stack auf-/abwärts mit und ohne 6LoWPAN und POSIX.

4.3   Leistung bei der Paketübertragung

Nachfolgend wird der GNRC Netzwerk-Stack inklusive Funkübertragung vermessen. Der Gerätetreiber bindet das Atmel AT86RF231 Radio an den Netzwerk-Stack an. Die Messungen wurden in einer EMV-Messkabine durchgeführt, um Interferenzen mit umliegenden Radios auf dem selben Frequenzband zu vermeiden. Mit maximal möglicher Paketrate werden UDP-Pakete von und zu einem IoT-Gerät (RIOT) übertragen. Der Kommunikationspartner ist ein Raspberry Pi (Linux), ausgestattet mit einem AT86RF233 Radio, dessen Rechenleistung Größenordnungen höher ist als die des IoT-Geräts. Der Raspberry Pi wurde gewählt, um bei der Übertragung nicht das Bremsen einer langsameren Gegenstelle auszumessen. Zusätzlich wurde eine Messung zwischen zwei Raspberry Pi Boards durchgeführt.

Datendurchsatz Abbildung 3 vergleicht den UDP-Durchsatz der Datenübertragung mit der theoretisch oberen Grenze. Diese wurde anhand der Datenrate von 802.15.4 ermittelt (250 kbit/s), abzüglich aller Header sowie dem „Inter Frame Gap" und unter Ausschluss zusätzlicher Laufzeiten der MAC-Schicht.

Der Durchsatz der Paketübertragung liegt bei ca. 2/3 der theoretischen Kurve, was auf die CSMA/CA und ACK Koordination der MAC-Schicht zurückzuführen ist. Der Durchsatz eines RIOT Senders mit deaktivierten MAC-Komponenten nähert sich der theoretischen Kurve an (unter Vernachlässigung von Paketverlusten).

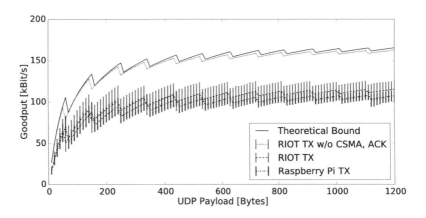

Abb. 3. Effektiver UDP-Durchsatz (Goodput) mit 802.15.4 Radio vs Theorie.

Die Ergebnisse zeigen, dass der GNRC Netzwerk-Stack den Gerätetreiber mit maximaler Geschwindigkeit versorgt (die reine Software-Leistung in Abb. 2 ist ca. 50 mal schneller). Der effektive Datendurchsatz wird durch die 802.15.4 Übertragungsgeschwindigkeit begrenzt. Die Vergleichsmessung zwischen zwei Raspberry Pi Boards zeigt den selben Effekt und hat unerwarteterweise einen geringfügig niedrigeren UDP-Durchsatz. Die Messungen für die Empfangsrichtung (hier nicht dargestellt) gleichen denen des Senders annähernd.

Energiebedarf Der Energiebedarf des Senders und Empfängers wurde getrennt gemessen. Das Senden eines UDP-Pakets mit 1000 Bytes Payload verbraucht im Mittel ca. 10,7 mJ, das Empfangen eines solchen Pakets ca. 10,3 mJ. Im Vergleich mit Energiemessungen des reinen Netzwerk-Stacks, ohne Treiber und Datenübertragung, ist der Aufwand hier ca. 30 mal höher.

4.4   GNRC im Vergleich zu anderen IP-Stacks

In diesem Kapitel wird GNRC (w/ und w/o RPL) mit den IPv6-Stacks lwIP (w/o RPL) und emb6 (w/ und w/o RPL) verglichen. Für die Messungen wurden die Stacks in das Netzwerk-System von RIOT integriert. Die Größen der jeweiligen Paketspeicher wurden so dimensioniert, dass die Netzwerk-Stacks ein volles IPv6-Paket darin verarbeiten können.

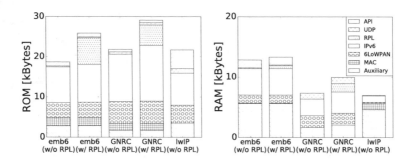

Abb. 4. Speicheranforderungen verschiedener Network-Stacks in RIOT

Speicherbedarf In Abbildung 4 sind die Speicheranforderungen der o.g. Netzwerk-Stacks in RIOT gegenübergestellt. GNRC beaufschlagt den größten Speicher im ROM. Der Mehraufwand gegenüber emb6 und lwIP liegt zwischen 1 kB bis 4 kB. Im Vergleich des RAM-Bedarfs liegt GNRC nur knapp oberhalb von lwIP (ca. 1 kB) und weiter unterhalb von emb6 (ca. 5 kB). Dies verwundert zunächst, da die Thread-basierte Modulbauweise in GNRC einen Mehraufwand mit sich bringt. Der Vorsprung ist auf die zentrale und de-duplizierende Datenhaltung des Paketspeichers *pktbuf* in GNRC zurückzuführen, welcher variable Datenblocklängen erlaubt.

Weitere Messungen von GNRC zur Laufzeit zeigen, dass der allozierte Stack-Speicher aller Threads in Summe, zu ca. 61 % unbenutzt bleibt. Das Optimierungspotenzial liegt in der Standardgröße für den kontextbezogenen Stack-Speicher bei der Thread-Initialisierung.

Rechenzeit In Abbildung 5 ist die relative Laufzeit der externen Stacks in Bezug zu GNRC (w/ oder w/o RPL) dargestellt. Die Paketprozessierung in emb6 ist ca. 20-40 % langsamer als in GNRC, für UDP-Pakete < 200 Bytes. Eine Ursache hierfür ist die intervallgesteuerte Abfrage einer Event Queue in emb6.

Die Leistung des Empfängers in lwIP ist vergleichbar zu GNRC. Die periodisch auftretenden Spitzen in der Grafik sind der 6LoWPAN Fragmentierung geschuldet, welche nicht für lwIP-optimale Payloadgrößen durchgeführt wurde (bekanntes Problem dieses Netzwerk-Stacks). Die Leistung des Senders in lwIP übertrifft GNRC um bis zu 40 %. In GNRC sind mehrfache IPC-Aufrufe bei der Paketprozessierung durch den Stack nötig, was einen Mehraufwand verursacht. lwIP blockiert während der Fragmentierung und dem Versenden aller Fragmente eines Datagramms sodass alle in einem Durchlauf, ohne Unterbrechung, abgearbeitet werden.

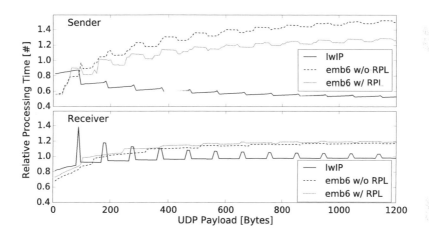

Abb. 5. Rechenzeit verschiedener IP-Stacks relativ zu GRNC.

5   Fazit und Ausblick

In diesem Beitrag haben wir das Open Source IoT-Betriebssystem RIOT vorgestellt. Dabei wurde gezeigt, dass adaptierte Konzepte vollwertiger Betriebssysteme auch auf kleinen IoT-Geräten eine annehmbare Leistung erbringen können.

Wir haben den Betriebssystemkern im Detail vorgestellt und seine Echtzeitfähigkeit erläutert. Darüber hinaus wurde der Standard Netzwerk-Stack GNRC analysiert, welcher sich durch eine stark modularisierte Architektur auszeichnet. Es wurde gezeigt, dass der nötige Mehraufwand für den hohen Grad an Konfigurierbarkeit des Stacks relativ gering ist, verglichen mit monolithischen Netzwerk-Stacks. Des Weiteren haben wir herausgefunden, dass die reine Software-Leistung Größenordnungen über der spezifizierten Datenrate des unterliegenden 802.15.4 Übertragungsmediums liegt. D.h. der effektive Datendurchsatz wird durch den Mehraufwand der Multi-Threading Architektur kaum beeinflusst.

Künftig werden wir weitere Vergleichsmessungen des Energieverbrauchs und der Rechenzeit mit RIOT und Contiki durchführen. Außerdem werden wir an der Weiterentwicklung des GNRC Netzwerk-Stacks hinsichtlich der Implementierung neuer Internet- und IoT- Konzepte wie beispielsweise LPWAN (Low Power

Wide Area Network) [24] oder ICN, arbeiten. Ferner gehört die Pflege und Wartung des gesamten Betriebssystems sowie der Community zu einer der zentralen Aufgaben für die Zukunft von RIOT. Die künftigen Arbeiten werden im Rahmen der Forschungsprojekte *Industrial Internet* und *I3* weitergeführt und von den Zielen dieser Projekte gelenkt.

Literaturverzeichnis

1. L. Atzori et al. .The Internet of Things: A survey. *Computer Networks*, 2010.
2. C. Bormann et al. . Terminology for Constrained-Node Networks. RFC 7228, 2014.
3. mbed OS. https://mbed.org/technology/os.
4. A. Dunkels et al. . Contiki - a Lightweight and Flexible Operating System for Tiny Networked Sensors. *Local Computer Networks*, 2004.
5. P. Levis. Experiences from a Decade of TinyOS Development. *OSDI*, 2012.
6. O. Hahm et al. .Operating Systems for Low-End Devices in the Internet of Things: a Survey. *IEEE IoT Journal*, 2015.
7. D. Gay et al. .The NesC Language: A Holistic Approach to Networked Embedded Systems. *ACM SIGPLAN PLDI*, 2003.
8. A. Dunkels et al. . Protothreads: Simplifying Event-Driven Programming of Memory-Constrained Embedded Systems. *ACM SenSys*, 2006.
9. Zephyr Project. https://www.zephyrproject.org.
10. H. Will et al. . A Real-Time Kernel for Wireless Sensor Networks Employed in Rescue Scenarios. *IEEE LCN*, 2009.
11. N. Kushalnagar et al. . IPv6 over Low-Power Wireless Personal Area Networks (6LoWPANs): Overview, Assumptions, Problem Statement, and Goals. RFC 4919.
12. Z. Sheng et al. .A Survey on the IETF Protocol Suite for the Internet of Things: Standards, Challenges, and Opportunities. *IEEE Wireless Communications*, 2013.
13. E. Baccelli et al. . RIOT OS: Towards an OS for the Internet of Things. *IEEE INFOCOM*, 2013.
14. E. Baccelli et al. . Information Centric Networking in the IoT: Experiments with NDN in the Wild. *ACM ICN*, 2014.
15. O. Hahm et al. . A Case for Time Slotted Channel Hopping for ICN in the IoT. *Open Archive: Nr. arXiv:1602.08591*, 2016.
16. R. Min et al. .A. Chandrakasan. Energy-centric Enabling Technologies for Wireless Sensor Networks. *IEEE Wireless Communications*, 2002.
17. T. Watteyne et al. .Industrial Wireless IP-Based Cyber–Physical Systems. *IEEE*.
18. K. Moskvitch. Tactile Internet: 5g and the Cloud on Steroids. *Engineering & Technology*, 2015.
19. R. Barry. FreeRTOS, a FREE open source RTOS for small embedded real time systems. http://www.freertos.org.
20. ITRON project archive. http://www.ertl.jp/ITRON/home-e.html.
21. J.-H. Hoepman and B. Jacobs. Increased security through open source. *Communications of the ACM*, 2007.
22. D. Ritchie. The UNIX System: A Stream Input-Output System. *AT&T Bell Laboratories Technical Journal*, 1984.
23. C. Adjih et al. . FIT IoT-LAB: A Large Scale Open Experimental IoT Testbed. *IEEE WF-IoT*, 2015.
24. A. Minaburo et al. . LPWAN GAP Analysis. IETF Std. draft-minaburo-lpwan-gap-analysis-01 [work-in-progress], 2016.

Entwurf und Implementierung eines energieneutralen Echtzeit-Betriebssystems

Phillip Raffeck

Lehrstuhl für Verteilte Systeme und Betriebssysteme
Friedrich-Alexander-Universität Erlangen-Nürnberg (FAU)
phillip.raffeck@fau.de

Zusammenfassung. Die Lebenszeit mobiler, eingebetteter Echtzeitsysteme wird durch die Kapazität ihrer Batterie bestimmt. Energie limitiert daher die Betriebszeit, hat aber bisher keinen weiteren Einfluss auf Entscheidungen zur Aufgabeneinplanung. Technologische Fortschritte erlauben allerdings energieneutrale Systeme zu betreiben, die Energie aus der Umgebung ernten, beispielsweise mittels Solarzellen. Da die verfügbare Energie in solchen Systemen schwankt, muss Energie auch während der Laufzeit beachtet werden. Weitere Herausforderungen im Zusammenhang mit energieneutralen Systemen ergeben sich aus der Unsicherheit wann und in welchem Ausmaß Energie verfügbar sein wird. Zu diesen Herausforderungen zählt die Fähigkeit, Perioden zu kompensieren, in denen nicht genug Energie geerntet werden kann, um das System zu betreiben, sowie die genaue Bestimmung der verfügbaren Energie.
Um diese Herausforderungen zu überwinden, stellt diese Arbeit ENOS vor, einen Betriebssystemkern für energieneutrale Systeme. ENOS entkoppelt energetische und zeitliche Einschränkungen, indem es Energiekritikalitätsmodi einführt. In jedem dieser Modi wird eine andere Menge von Aufgaben mit eigenen Zeitbeschränkungen ausgeführt. Indem ENOS die verfügbare Energie mittels dedizierter Hardware überwacht, besitzt das System die Möglichkeit, auf Änderungen in der verfügbaren Energie mit einem Wechsel zu einer geeigneteren Aufgabenmenge zu reagieren. ENOS ist außerdem in der Lage, Konsistenzprobleme durch Ausfälle der Energieversorgung zu vermeiden.

1 Einleitung

Energieneutrale Systeme zeichnen sich dadurch aus, dass sie über keine statische Energieversorgung verfügen, sondern ihre Energie aus ihrer Umwelt ernten. Dies ist besonders vorteilhaft beim Einsatz eingebetteter Systeme in Umgebungen, in denen eine statische Energieversorgung nicht praktikabel ist, bspw. bei luftgestützten Systemen. Sollen diese Systeme zusätzlich Echtzeitanforderungen genügen, sind folgende Herausforderungen zu bewältigen, da Energie nicht als der Zeit untergeordnet betrachtet werden kann [1]:

1. zuverlässige und präzise Bestimmung der verfügbaren Energie

2. Berücksichtigung von sowohl Energie und Zeit bei Schedulingentscheidungen, Zeit, um sich an die aufgrund von Umwelteinflüssen stetig schwankende Energie anzupassen und gleichzeitig Echtzeitanforderungen zu genügen.
3. Garantie eines konsistenten Zustands unabhängig von der verfügbaren Energie, um Perioden ohne Energiezufuhr zu tolerieren.

Diese Arbeit stellt ENOS vor, ein energiegewahres Echtzeitbetriebssystem, das die oben genannten Herausforderungen angeht. ENOS verwendet dedizierte Hardware zur Energiemessung, sowie ein neues Schedulingmodell, das sowohl Energie berücksichtigt als auch Ausfallperioden antizipiert und den Systemzustand vor einem Ausfall der Energieversorgung frühzeitig sichert [2].

Ein beispielhaftes Szenario für ein System, das sowohl Energie- als auch Zeitbeschränkungen unterliegt, ist ein solarbetriebener Quadrokopter, der mit Solarzellen ausgestattet ist, die es ihm ermöglichen, Energie aus der Umgebung zu ernten. Ein mögliches Anwendungsgebiet für einen solchen Quadrokopter ist das Abfliegen einer Strecke von bestimmten Wegpunkten, an denen Messdaten gesammelt werden sollen. Hierbei ändern sich die Anforderungen an das System in unterschiedlichen Phasen: Ist reichlich Energie zum Betrieb des Systems vorhanden, ist es wichtig, die Echtzeitgarantien der Flugsteuerung einzuhalten, um Abstürze zu vermeiden. Die Anforderungen ändern sich, wenn die verfügbare Energie abnimmt, da das System garantieren muss, dass genügend Energie zur sicheren Landung vorhanden ist. Sobald das System stationär ist, ist die Rechtzeitigkeit der verbleibenden Aufgaben, wie Ausrichtung der Solarzellen und Herunterfahren des Systems, hingegen irrelevant.

2   Grundlagen

Um ein besseres Verständnis der restlichen Arbeit zu ermöglichen, soll im Folgenden notwendiges Hintergrundwissen über Echtzeitsysteme, die gemischten Anforderungen unterliegen, erläutert werden. Hierbei handelt es sich sowohl um unterschiedliche Anforderungen an Aufgaben (harte/weiche Anforderungen) als auch gemischte Ressourcenbeschränkungen (Laufzeit, Energieverbrauch). Die Berücksichtigung solcher unterschiedlicher Anforderungen durch gemischte Kritikalitäten wird in Abschnitt 2.2 erläutert.

2.1   Aufgabenmodell

Bei den in dieser Arbeit betrachteten Systemen handelt es sich um Echtzeitsysteme mit Energiebeschränkungen. In den betrachteten Systemen bestehen Anwendungen aus mehreren Aufgaben (engl. task), die verschiedene Funktionalitäten bereitstellen. Jede dieser Aufgaben besitzt eine feste Periode, die beschreibt, zu welchen Zeitpunkten diese Aufgabe laufbereit ist. Zusätzlich besitzt jede Aufgabe einen Termin, einen Zeitpunkt nach der Auslösung, zu dem die Ausführung abgeschlossen sein muss. Außerdem besitzt jede Aufgabe eine Priorität, die festlegt, welche anderen Aufgaben von ihr verdrängt werden können. Weiterhin ist es zur Einhaltung der zeitlichen Beschränkungen notwendig, die maximale Ausführungszeit (engl. worst-case execution time, WCET) einer jeden Aufgabe zu kennen. Analog ist aufgrund der Energiebeschränkungen zusätzlich die Kenntnis des schlimmsten anzunehmenden Energieverbrauchs (engl. worst-case energy consumption, WCEC) erforderlich.

2.2 Systeme mit gemischten Kritikalitäten

Ein Echtzeitsystem mit gemischten Kritikalitäten ist ein System, das Aufgaben mit unterschiedlicher Wichtigkeit ausführt [3,4]. Hierzu wird das in Abschnitt 2.1 vorgestellte Aufgabenmodell um ein Kritikalitätslevel erweitert. Hierdurch wird das Aufgabenset in verschiedene Untermengen aufgeteilt, die hierarchisch geordnet sind: Aufgaben mit geringerer Kritikalität können zugunsten von kritischeren Aufgaben verzögert oder in einer Hyperperiode gar nicht ausgeführt werden. Diese Verzögerungen sind unabhängig von der Priorität der Aufgaben und dienen dazu, Ressourcen von unkritischen zu kritischen Aufgaben zu verschieben.

Weiterhin wird die WCET einer Aufgabe nun als Vektor angegeben, mit einem Eintrag für jedes Kritikalitätslevel. Ein WCET-Wert wird hierbei umso pessimistischer bestimmt, je höher das Kritikalitätslevel einer Aufgabe ist. Für jede Aufgabe werden allerdings nur Werte bis zu seinem entsprechenden Kritikalitätslevel bestimmt, weshalb für weniger kritische Aufgaben optimistischere WCET-Abschätzungen verwendet werden. Dies erweist sich als vorteilhaft, da pessimistische Überabschätzungen der WCET zu ungenutzten Ressourcen durch erhöhte Schlupfzeit führen. Durch die Beschränkung pessimistischer Ansätze auf wenige, kritische Aufgaben wird dieser Effekt abgemildert.

Da es sich bei messbasierten WCET-Abschätzungen um Unterabschätzungen handeln kann [5], benötigt ein System mit gemischten Kritikalitäten Mechanismen, um auf potentielle WCET-Verletzungen reagieren zu können. Wird während der Laufzeit eine Verletzung einer Zeitbeschränkung festgestellt, wechselt das System in das nächsthöhere Kritikalitätslevel und alle Aufgaben mit niedrigeren Kritikalitäten werden nicht mehr eingelastet.

3 Entwurf

Da Energie in klassischen Echtzeitsystemen nicht beachtet wird, werden im Folgenden sowohl ein erweitertes Aufgabenmodell als auch ein darauf basierendes Schedulingmodell präsentiert, die Energieverbrauch und Energiebeschränkungen berücksichtigen. Außerdem wird ENOS vorgestellt, ein energiegewahrer Betriebssystemkern, der besagte Modelle implementiert.

3.1 Erweitertes Kritikalitätsmodell

Um Energiebeschränkungen zu beachten, aber nicht direkt in Konflikt mit zeitlichen Beschränkungen treten zu lassen, werden im Modusmodell so genannte Energiekritikalitätsmodi, oder kurz Energiemodi, eingeführt. Auf jedem dieser

Modi (M_1, M_2,..., M_{Not}) wird ein eigenes Aufgabenset mit gemischten Kritikalitäten (LO^T,...,HI^T) ausgeführt, wie in Abbildung 1 dargestellt. Im niedrigsten
Modus (M_1) ist hierbei am meisten Energie vorhanden. Das zugehörige Aufgabenset kann daher die volle Funktionalität des Systems bereitstellen. Steht dem
System weniger Energie zur Verfügung, wird in höhere Energiemodi gewechselt,
in denen die Aufgabensets weniger oder andere Funktionalität anbieten oder
weniger energieintensive Implementierungen nutzen. Im genannten Beispiel des
Quadrokopters können im niedrigsten Modus sowohl Messdaten erfasst als auch
ausgewertet werden, während im nächsthöheren Modus nur noch Daten erfasst
werden. Wird die verfügbare Energie schließlich zu gering, landet das System.
Das Betriebssystem muss sicherstellen, dass zu jedem Zeitpunkt genügend Energie vorhanden ist, um alle kritischeren Modi auszuführen und das System sicher
in einen Tiefschlafmodus zu versetzen. Wird festgestellt, dass diese Grenze un-
terschritten wird, muss das Betriebssystem einen Moduswechsel einleiten.

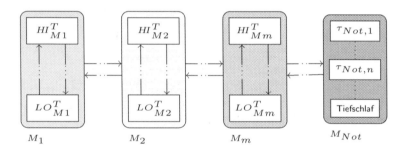

Abb. 1. Das Modusmodell verwaltet verschiedene Untermengen des Aufgabensets, abhängig vom aktuellen Energiemodus. Auf jedem Modus (M_1,...,M_m) werden die Aufgaben anhand ihrer Prioritäten und Zeitkritikalitäten (LO^T,...,HI^T) eingeplant. Im
Notfallmodus (M_{Not}) hingegen sind Zeitbeschränkungen irrelevant.

Jede Aufgabe des Systems ist eindeutig einem Energiemodus zugeordnet.
Ähnlich wie bei zeitlichen Kritikalitäten beschreibt dieser Modus außerdem die
Zuverlässigkeit, mit der der Energieverbrauch der Aufgabe bestimmt wurde.
Auch hier gilt analog: Je höher die Energiekritikalität, desto pessimistischer
die Abschätzung des Energieverbrauchs. Daher ist es erstrebenswert, auf einen
niedrigeren Modus zu wechseln, sobald dies auf sichere Art möglich ist, um die
optimistischeren Abschätzungen dieses Modus auszunutzen.

Der Entwickler hat zudem die Möglichkeit anzugeben, wie viele Hyperperioden auf einem Modus mindestens ausgeführt werden sollen. Dies ist allerdings
nur ein Hinweis an das Betriebssystem, da so schnell wie möglich auf einen niedrigeren Energiemodus gewechselt wird. Der höchste Modus stellt hierbei eine
Ausnahme dar: Er wird als Notfallmodus betrachtet, der es dem System gestattet, in einen sicheren Zustand überzugehen, falls beinahe keine Energie mehr
vorhanden ist. Auf ihm gelten keine zeitlichen Beschränkungen mehr und jede Aufgabe wird genau einmal ausgeführt. Danach versetzt sich das System in

einen Tiefschlafmodus und wartet, bis genug Energie zur Verfügung steht, um die Ausführung in einem vom Entwickler festgelegten Modus fortzusetzen.

3.2   Entwurf des ENOS-Kerns

ENOS ist ein energiegewahrer Echtzeitbetriebssystemkern, der das Modusmodell aus Abschnitt 3.1 implementiert. ENOS überwacht Zeit- und Energiebeschränkungen einer Anwendung mittels dedizierter Hardware und verhindert Konsistenzprobleme bei Ausfällen der Energieversorgung.

Überwachung der Energiebudgets Es bieten sich zwei Möglichkeiten für ENOS an, um die Notwendigkeit eines Energiemoduswechsels zu ermitteln: aktives Abfragen des verfügbaren Budgets sowie das Benutzen dedizierter Hardware, die fähig ist, Interrupts bei bestimmten Energiegrenzwerten zu generieren. Im restlichen Teil dieser Arbeit werden diese als Energieinterrupts bezeichnet.

Das Benutzen von dedizierter, interruptfähiger Hardware bietet sich an, da aktives Abfragen zwei Nachteile mit sich bringt: Zum einen ist dies mit einem erheblichen Mehraufwand verbunden, zum anderen erlauben Interrupts, auf Energiebudgetverletzungen mit sofortiger Wirkung zu detektieren.

Garantiertes Beenden von Hyperperioden Um eine höhere Dienstgüte zu gewährleisten und den für einen Moduswechsel nötigen Aufwand zu verringern, finden Moduswechsel in ENOS ausschließlich an Hyperperiodengrenzen statt. Damit jederzeit ausreichend Energie vorhanden ist, um die aktuelle Hyperperiode zu beenden, hält ENOS für jeden Modus einen Vorrat an Energie vor, das so genannte Grace-Budget. Die physikalisch größtmögliche Energieaufnahme der Hardware während der Dauer einer Hyperperiode stellt hierbei eine praktikable Obergrenze dar, da sich dieser Wert aus den elektrischen Eigenschaften der Spannungsversorgung ablesen lässt.

Ermitteln der Energiegrenzwerte Damit ENOS Entscheidungen über Moduswechsel treffen kann, muss bekannt sein, bei welchen Energiegrenzwerten jeder Modus verlassen werden muss. Aufgrund des damit verbundenen Aufwands werden diese Werte statisch berechnet. Das System darf dabei in einem Modus verweilen, solange ausreichend Energie vorhanden ist, um alle kritischeren Modi auszuführen. Die Energiekosten eines einzelnen Modus ergeben sich aus den Energiekostenabschätzungen des Aufgabensets, den Gemeinkosten des Betriebssystems wie Kosten für Kontextwechsel oder Zeitgeberinterrupts, der Mindestanzahl der vom Entwickler gewünschten Hyperperioden und dem Grace-Budget.

Für die Berechnungen der Betriebssystemgemeinkosten sind sichere Obergrenzen für den Energieverbrauch aller Betriebssystemkomponenten erforderlich. Dies beinhaltet präzise Kostenmodelle für die verwendete Hardware sowie aufwändige, statische Analyse der Betriebssystemsoftware. Durch die Möglichkeit ENOS wiederzuverwenden stellt dies einen einmaligen Analyseaufwand dar.

Tolerieren von Energieversorgungsausfällen Sollte die verfügbare Energie so gering sein, dass der höchste Energiemodus, der Notfallmodus, erreicht wird, sorgt ENOS für ein kontrolliertes Abschalten des Systems. Dies erlaubt der Anwendung bestimmte Maßnahmen zu treffen, bevor ENOS den flüchtigen Systemzustand persistent auf Hardware speichert und das System in einen Tiefschlafmodus versetzt. Im Falle des Quadrokopters umfasst dies bspw. das Ausrichten der Solarzellen. Sobald die Abschaltung beendet ist, verweilt ENOS in einem Tiefschlafmodus und wartet auf einen Energieinterrupt, der signalisiert, dass ausreichend Energie geerntet wurde, um die Ausführung auf einem vom Entwickler festgelegten Modus fortzuführen.

4   Implementierung

Im Folgenden wird eine konkrete Implementierung von ENOS vorgestellt. Dieser Abschnitt beschreibt die verwendete Hardware und Details des Betriebssystemkerns, während Abschnitt 5 eine Evaluation zeigt.

4.1   Hardwareaufbau

Die Hauptkomponente ist eine NXP Freedom KL46Z Entwicklungsplattform, Modell MKL46Z256VLL4 [6]. Zur Sicherung des flüchtigen Systemzustands wird ein Fujitsu MB85RC256V verwendet, ein über I^2C steuerbarer 256 KiB FRAM-Chip [7]. Um als energieneutrales System Energie ernten zu können, wird eine 5,6 W-Solarzelle in Kombination mit einer LTC3331 Harvestingeinheit [8] verwendet. Diese Kombination versorgt zwei als Energiereservoir dienende Superkondensatoren mit einer gemeinsamen, effektiven Kapazität von 5 F [9].

4.2   Der ENOS-Kern

Die aktuelle Umsetzung von ENOS benutzt komplett voneinander unabhängige Aufgaben, deren Prioritäten statisch anhand ihrer Kritikalitäten vergeben werden [10]. Innerhalb einer Hyperperiode sind nur Wechsel zu höheren Kritikalitätsleveln möglich. Wechsel zu niedrigeren Leveln finden an Hyperperiodengrenzen statt, indem jede Hyperperiode optimistisch auf dem niedrigsten Level begonnen wird. Die Überwachung der Termine der Aufgaben und die Einhaltung der WCET-Abschätzungen findet mit einer Auflösung von 1 ms statt.

Energiebeschränkungen werden mittels des in der KL46Z-Plattform integrierten Analog-Digital-Wandlers (engl. analog digital converter, ADC) überwacht. Hierbei wird für Wechsel zu höheren Modi eine Unterbrechung aufgesetzt und für Wechsel zu niedrigeren Modi zwischen Hyperperioden die verfügbare Energie aktiv abgefragt. Um die Energiewerte für die einzelnen Moduswechsel genau zu bestimmen, wurden die Energiegemeinkosten von ENOS mit einem präzisen Messgerät [11] bestimmt. Hierfür wurden alle möglichen Ausführungspfade des Betriebssystemkerncodes feingranular vermessen.

Sinkt die verfügbare Energie so weit, dass der höchste Energiemodus erreicht wird, ändert ENOS seine Schedulingroutine in Vorbereitung auf die kontrollierte Abschaltung des Systems. Sowohl der Zeitgeber als auch der ADC werden deaktiviert, da eine Überwachung von Beschränkungen nicht mehr nötig ist. Sobald alle von der Anwendung geforderten Aufgaben abgearbeitet sind wird der Systemzustand konsistent gespeichert. Dies wird durch eine Heap-Implementierung vereinfacht, die neben sämtlichen Anwendungsdaten auch der Verwaltungsdaten der Ablaufplanung speichert. Nahezu der komplette Systemzustand lässt sich also durch einmalige Speicherung des verwendeten Heap-Speichers sichern. Der restliche Zustand, wie bspw. Kalibrierungswerte des ADC, werden mittels einer Schnittstelle von den jeweiligen Modulen selbst gespeichert, um unnötigen, globalen Zustand verschiedener, zusammenhangloser Module zu vermeiden. Nach Sichern des Zustandes versetzt ENOS das System in einen Tiefschlafmodus und wartet auf das Eintreffen eines Interrupts, der signalisiert, dass genug Energie zur Verfügung steht, um die Ausführung fortzusetzen.

Während sich das System im Tiefschlafmodus befindet, können Situationen auftreten, in denen so wenig Energie geerntet werden kann, dass die verfügbare Energie auch für den Betrieb im Tiefschlafmodus nicht mehr ausreicht und das System komplett ausfällt. In einer solchen Situation beginnt der Prozessor zu arbeiten, sobald genug Energie für seinen Betrieb vorhanden ist. Um zu verhindern, dass die Ausführung fortgesetzt wird, obwohl noch nicht genügend Energie für den gewünschten Modus vorhanden ist, überprüft ENOS bei jedem Aufwachen, ob der Aufwachvorgang durch den erwarteten Energieinterrupt initiiert wurde. Ist dies nicht der Fall, kehrt ENOS sofort in den Tiefschlafmodus zurück.

5 Evaluation

In diesem Abschnitt werden ENOS und das implementierte Schedulingmodell getestet und dessen Nützlichkeit und Vorteile gezeigt.

5.1 Genauigkeit des Moduswechselmechanismus

Um den Moduswechselmechanismus zu evaluieren wird das in Tabelle 1 beschriebene Aufgabenset auf dem in Abschnitt 4.1 dargestellten Hardwareaufbau ausgeführt und verschiedene Laufzeitparameter aufgezeichnet, insbesondere die verfügbare Energie und den Modus, in dem sich ENOS aktuell befindet [2]. Abbildung 2 zeigt die Ergebnisse dieses Experiments. Es ist zu erkennen, dass ENOS durch Moduswechsel korrekt auf die Änderungen der verfügbaren Energie reagiert. Insbesondere ist das Herunterfahren in den Tiefschlafmodus nach 579 s und das Aufwachen nach 636 s zu erkennen.

Tabelle 2 zeigt die Genauigkeit, mit der diese Moduswechsel stattfinden, indem Energiewerte, an denen Moduswechsel beobachtet wurden, mit den statisch berechneten Untergrenzen verglichen werden. Auffällig ist, dass die Werte mit Abweichungen von 0,3 % und 3 % sehr nahe beieinander liegen. Einzige Ausnahme stellt hierbei der Wechsel von M_2 zu M_{Not} dar. In allen Fällen ist der

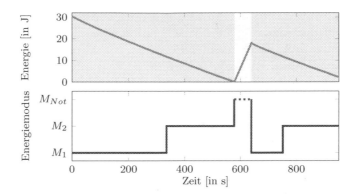

Abb. 2. Energieverbrauch und Energiemoduswechsel von ENOS, aufgezeichnet auf echter Hardware

absolute Unterschied allerdings geringer als das Grace-Budget von 81,52 mJ. Diese Beobachtungen bestätigen sowohl, dass ENOS in der Lage ist, rechtzeitig auf Änderungen in der verfügbaren Energie zu reagieren, als auch, dass die verwendete Hardware fähig ist, die Budgets der Aufgabensets in der erforderlichen Auflösung zu überwachen.

Auf-gabe	Kritikalitäten	WCET [ms]	WCEC [µJ]
τ_{1,M_1}	LO^T, LO^E	13	649
τ_{2,M_1}	HI^T, LO^E	13, 37	649
τ_{3,M_1}	LO^T, LO^E	15	845
τ_{1,M_2}	LO^T, MID^E	13	807
τ_{2,M_2}	HI^T, MID^E	13, 37	807
τ_{3,M_2}	LO^T, MID^E	15	1183
τ_{1,M_3}	LO^T, HI^E	13	965
τ_{2,M_3}	HI^T, HI^E	13, 37	965
τ_{3,M_3}	LO^T, HI^E	82	3225

Modus-wechsel	Zeit-punkt	Berech-net [mJ]	Gemes-sen [mJ]
$M_1 \to M_2$	336 s	12252	12218
$M_2 \to M_{Not}$	579 s	87	65
$M_{Not} \to M_1$	636 s	17640	18122
$M_1 \to M_2$	742 s	12252	12218

Tabelle 1. Das für die Evaluationen der Genauigkeit der Budgetberechnung verwendete Aufgabenset

Tabelle 2. Vergleich der berechneten und beobachteten Energiegrenzwerte für die Moduswechsel auf echter Hardware

5.2   Genauigkeit der Ausführungsbudgets

Im Folgenden wird die Genauigkeit der Energieabschätzungen von ENOS untersucht, indem die von ENOS berechneten Ausführungsbudgets mit dem gemessenen Energieverbrauch auf echter Hardware verglichen werden [2].

Hierzu wird ein aus drei Aufgaben bestehendes Aufgabenset auf drei unterschiedlichen Kritikalitätsmodi analysiert (siehe Tabelle 1). τ_1 und τ_2 sind Sortieralgorithmen, τ_3 ein Algorithmus zur Primzahlsuche. Die Aufgaben werden bei einer Hyperperiode von 100 ms simultan ausgelöst. Im Gegensatz zur Energiebudgetberechnung in [1] wird hier auch der Energieverbrauch in Idle-Phasen berücksichtigt sowie Gemeinkosten für bspw. Kontextwechsel und Zeitgeberinterrupts. Weiterhin wurden bei der Ausführung die Pfade mit der maximalen Ausführungszeit ausgelöst, um eine Vergleichbarkeit mit den von ENOS berechneten Werten zu gewährleisten.

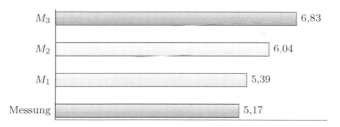

Ausführungsbudgets für eine Hyperperiode [in mJ]

Abb. 3. Die Abschätzungen der Ausführungsbudgets von ENOS im Vergleich zum tatsächlichen Energieverbrauch auf verschiedenen Energiemodi

Die Messungen der tatsächlichen Ausführungskosten erfolgt mittels eines hochpräzisen Multimeter (Keithley 2612), das Ströme bis zu 100 fA und Spannungen bis zu 100 nV bei einer Auflösung von 20 µs messen kann. Abbildung 3 zeigt die Ergebnisse dieser Messungen für eine Hyperperiode im Vergleich zu den Abschätzungen von ENOS. Über 250 Ausführungen ergibt sich hierbei ein Mittelwert von 5,17 mJ bei einer Standardabweichung von 3,6 µJ.

Auf dem niedrigsten Energiemodus benutzt ENOS ein Budget von 5,39 mJ, eine Überapproximation von 4,3 % im Vergleich zum gemessenen Wert. Aufgrund der pessimistischeren Annahmen wächst das errechnete Budget für den mittleren Modus auf 6,04 mJ. Auch dieser Wert liegt noch 12 % unter der pessimistischsten Annahme von 6,83 mJ im höchsten Kritikalitätsmodus, was gleichzeitig das Budget darstellt, das existierende Ansätze nutzen, sollten alle Aufgaben das höchste Zeitkritikalitätslevel besitzen. ENOS hingegen kann die optimistischen Abschätzungen auf niedrigeren Energiekritikalitätsmodi ausnutzen, um früher zurück zu niedrigeren Energiemodi zu wechseln, wenn genügend Energie vorhanden ist.

6 Fazit

Energieneutrale Echtzeitsysteme müssen sowohl Zeit- als auch Energiebeschränkungen einhalten, allerdings nicht notwendigerweise zur selben Zeit. ENOS beachtet diese Beziehung zwischen Zeit und Energie, indem es zwischen Zeit- und

Energiekritikalitäten unterscheidet und ihre Bedeutung für das System zum aktuellen Zeitpunkt unterschiedlich gewichtet. Durch das Unterteilen einer Anwendung in Teilmengen von Echtzeitaufgaben für unterschiedliche Energiemodi, ist ENOS in der Lage auf Änderungen in der aktuell verfügbaren Energie zu reagieren. ENOS garantiert weiterhin einen konsistenten Systemzustand auch durch Perioden hindurch, in denen keine Energie verfügbar ist. Die Implementierung auf tatsächlicher Hardware zeigt, dass sowohl ENOS durch das vorgestellte Schedulingmodell in der Lage ist, ein System bei ausreichend vorhandener Energie mit Echtzeitanforderungen zu betreiben und gleichzeitig zeitnah auf Änderungen in der verfügbaren Energie zu reagieren. ENOS wurde unter einer Open-Source-Lizenz veröffentlicht: `https://gitlab.cs.fau.de/enos/enos`

Danksagung

Die Arbeit wurde unterstützt durch die Deutsche Forschungsgemeinschaft (DFG) unter den Förderkennzeichen SCHR 603/13-1, /14-2 und dem Sonderforschungsbereich/Transregio „Invasive Computing" (SFB/TR 89, Projekt C1).

Literaturverzeichnis

1. M. Völp, M. Hähnle, A. Lackorzynski. *Has energy surpassed timeliness? Scheduling energy-constrained mixed-criticality systems.* Proceedings of the Real-Time and Embedded Technology and Applications Symposium (RTAS), 2014
2. P. Wägemann, T. Distler, H. Janker, P. Raffeck, V. Sieh. *A Kernel for Energy-Neutral Real-Time Systems with Mixed Criticalities.* Proceedings of the Real-Time and Embedded Technology and Applications Symposium (RTAS), 2016
3. S. Vestal. *Preemptive Scheduling of Multi-criticality Systems with Varyingn Degrees of Execution Time Assurance.* Proceedings of the Real-Time Systems Symposium (RTSS), 2007
4. S. Baruah, V. Bonifaci, D. D'Angelo H. Li, A. Marchetti-Spaccamela, N. Megow, L. Stougie. *Scheduling Real-Time Mixed-Criticality Jobs.* IEEE Transaction on Computers 61.8, 2012
5. P. Wägemann, T. Distler, T. Hönig, H. Janker, R. Kapitza, W. Schröder-Preikschat. *Worst-case energy consumption analysis for energy-constrained embedded systems.* Proceedings of the Euromicro Conference on Real-Time Systems (ECRTS), 2015
6. Freescale Semiconductor Inc. *KL46 Sub-Family Reference Manual,* 2013
7. Fujitsu Semiconductor Inc. *MB85RC256V,* 2014
8. Linear Technology Corporation. *LTC331 - Nanopower Buck-Boost DC/DC with Energy Harvesting Battery Charger,* 2014
9. Cooper Bussman. *Supercapacitors – HV Series,* 2012
10. N.C. Audsley. *On priority assignment in fixed priority scheduling.* Information Processing Letters 79.1, 2001
11. T. Hönig, H. Janker, C. Eibel, W. Schröder-Preikschat. *Proactive Energy-Aware Programming with PEEK.* Proceedings of the Conference on Timely Results in Operating Systems (TRIOS), 2014

Von der Theorie zur Praxis: Echtzeitplanung in der Informatikausbildung

Andreas Stahlhofen, Dawid Z. Bijak und Dieter Zöbel

Institut für Softwaretechnik, AG Echtzeitsysteme
Universität Koblenz-Landau, 56070 Koblenz
{astahlhofen|dbijak|zoebel}@uni-koblenz.de

Zusammenfassung. Die nachfolgende Arbeit beschreibt die Konzepti-
on und Implementierung einer Softwarebibliothek zum Einsatz in Stu-
dium und Ausbildung im Bereich Informatik. Mit Hilfe der vorgestellten Bibliothek ist softwareseitig eine einfachen Umsetzung von Echtzeitanwendungen unter Verwendung bekannter Planungsverfahren, wie beispielsweise EDF (Earliest Deadline First) oder RMS (Rate Monotonic
Scheduling) möglich. Auch wird die Integration eigener Planungsverfahren von Seiten der Softwarebibliothek unterstützt. Die Hauptintention ist
jedoch, eine einfache und intuitive Programmierschnittstelle zu bieten,
welche sich an den Konzepten und Notationen aus dem theoretischen
Bereich der Echtzeitplanung orientiert, von systemnahen Programmier-
konstrukten abstrahiert und die zur Implementierung notwendigen parallelen, komplexen Strukturen vereinfacht. Neben einer Beispielanwendung, welche den Einsatz der Softwarebibliothek demonstriert, wird darauf eingegangen, wie die aus der Theorie bekannte Darstellung in eine
Implementierung überführt werden kann.

1 Motivation

In der heutigen Zeit sind Echtzeitsysteme allgegenwärtig und spielen in vielen
Anwendungsbereichen eine bedeutende Rolle. Beispiele hierfür finden sich in der
Avionik, der Robotik, der Fabrikautomatisierung, der Medizintechnik, oder auch
im alltäglichen Leben wie im automotiven Bereich oder im Bereich der mobilen
Kommunikation und Anwendungsentwicklung von Smartphones. Insbesondere
durch diese Alltagspräsenz ist das Themengebiet Echtzeitsysteme und entsprechend auch das Teilgebiet Echtzeitplanung inzwischen Bestandteil der Informatikausbildung, was anhand entsprechender Lehrbücher, wie beispielsweise [14]
oder [1] nachweisbar ist.

Neben der theoretischen Sicht auf dieses Fachgebiets ist es im Rahmen der
Informatikausbildung ebenso wichtig, praktische Kompetenzen aufzubauen und
bei der Implementierung von Echtzeitsystemen auftretende allgemeine Probleme
behandeln zu lernen. Der Weg vom theoretischen Entwurf bis hin zur lauffähigen
Anwendung entpuppt sich jedoch oftmals als eine anspruchsvolle und komple-
xe Aufgabe für den Entwickler, insbesondere wenn es sich bei diesem um einen
Studierenden mit wenig praktischer Erfahrung im Bereich der Programmierung

handelt. So müssen sie sich im Rahmen einer Implementierung mit parallelen Konstrukten, wie beispielsweise konkurrierenden Threads oder mit Sprachkonstrukten wie Systemaufrufen oder Timern auseinandersetzen und trotzdem die Einhaltung von Echtzeitbedingungen und die funktionale Korrektheit der Anwendung berücksichtigen. Die Programmierung auf einem solchen Abstraktionsniveau entspricht keineswegs den Konzepten und Notationen aus der Theorie der Echtzeitplanung, weshalb dieser Sachverhalt je nach Ausbildungsstand eine zu hohe Anforderung an Studierende darstellt.

Die Analyse des entstehenden Programmcodes, welcher sich aus der Umsetzung einer Echtzeitanwendung unter Verwendung eines zuvor gewählten Planungsverfahrens (z. B. Earliest Deadline First (EDF) oder Rate Monotonic Scheduling (RMS)) ergibt, zeigt, dass es sich dabei um sogenannten Boilerplate Code handelt. Denn die Hauptaufgabe besteht in der Regel darin, das in den zitierten Lehrbüchern vermittelte Prozess- oder auch Taskmodell umzusetzen, welches eine solide und intuitive Notation zur Modellierung von Echtzeitanwendungen beschreibt und zur Verfügung stellt. Eine Implementierung der darin immer wiederkehrenden Konstrukte, wie beispielsweise periodische Tasks, kann vereinheitlicht werden und als weitestgehend plattformunabhängige Softwarebibliothek zur Verfügung gestellt werden. Eine solches Rahmenwerk inklusive passender Analysewerkzeuge ist gerade im Bereich der Informatikausbildung wünschenswert, da es den Studierenden erlaubt, die softwareseitige Komponente eines Echtzeitsystems in der Sprache und den Notationen umzusetzen, welche gelehrt werden und somit aus der Theorie bekannt sind. Des Weiteren sollen Plattformen adressiert werden, welche speziell für die Lehre entwickelt wurden und durch geringe Anschaffungskosten in vielen Universitätslaboren wiederzufinden sind. Exemplarisch ist in diesem Kontext der Einplatinencomputer RaspberryPi zu nennen, welcher genau für diesen Anwendungsbereich entwickelt wurde.

2   Verwandte Arbeiten

Innerhalb unterschiedlicher Arbeiten werden Rahmenimplementierungen und Softwarebibliotheken vorgestellt, die Entwickler bei der Realisierung von Echtzeitanwendungen unterstützen. Hierbei gilt es zu beachten, auf welcher Ebene einer gegebenen Plattform die entsprechende Software realisiert wird. Im Kontext dieser Arbeit werden Ansätze betrachtet, die im Kernel Space (KS) eines Betriebssystems realisiert sind und demnach abhängig vom entsprechenden Kernel sind, und Ansätze, die im User Space (US) des Betriebssystems angesiedelt sind und häufig eine Abhängigkeit zum System Call Interface (SCI) des Betriebssystems oder zu einer weiteren Bibliothek aufweisen.

Im Rahmen der kernelbasierten Lösungen gibt es zahlreiche Ansätze, welche auf dem Linux Kernel basieren. In der Vergangenheit wurde dieser bezüglich seiner Echtzeitfähigkeit weiterentwickelt. Bekannte Erweiterungen sind RT-Linux [13], RTAI [11] oder Xenomai [6], welche alle harte Echtzeitfähigkeit unter Linux bereitstellen. Eine der populärsten wurde unter dem Namen SCHED_DEADLINE [5] ab Version 3.14 in die Mainline des Linux Kernels integriert. Es stellt Entwicklern eine Implementierung von Global EDF zur Verfügung, eine Erweiterung von EDF, welche Mehrkernprozessoren unterstützt. SCHED_DEADLINE wird neben den in Linux standardmäßig enthaltenen Planungsverfahren SCHED_RR und SCHED_FIFO angeboten.

LitmusRT [3] lautet der Name eines weiteren Patches für den Linux Kernel. Die Intention der Autoren ist es, eine Testumgebung zur empirischen Evaluation von Planungsverfahren speziell für Multikernprozessoren zur Verfügung zu stellen. Eigene Implementierungen können mit Hilfe einer PlugIn-Architektur integriert und getestet werden. Speziell dafür wird eine Programmierschnittstelle angeboten, die eine schnelle und prototypische Realisierung neuer Planungsverfahren vereinfachen soll. Exemplarisch existieren bereits Implementierungen von Clustered, Partitioned und Global EDF. Die Autoren geben an, dass LitmusRT lediglich für Forschungszwecke entwickelt wird und dessen Überführung in ein industriell einsetzbares Produkt nicht geplant ist.

Das Verändern und Anpassen eines Betriebssystemkernels bietet eine gute Möglichkeit, um auf eine effiziente Art und Weise ein neues Planungsverfahren zu realisieren und den Entwickler bei der Realisierung von Echtzeitanwendungen zu unterstützen. Durch den Einsatz von hardwarenahen Befehlen im KS kann eine performante Implementierung entwickelt werden. Dennoch wird das entstandene Produkt deutlich in seiner Portabilität eingeschränkt, da es von einer bestimmten Kernelversion abhängig ist. Nicht nur die Übertragung auf eine andere Plattform kann dabei Schwierigkeiten bereiten, sondern auch die Anpassung an eine neue Kernelversion kann mit hohem Aufwand verbunden sein. Des Weiteren ist der Kernel die grundlegende Komponente eines Betriebssystems. Diese zu verändern birgt oftmals Risiken, was insbesondere bei sicherheitskritische Echtzeitanwendungen stark ins Gewicht fällt. Auch bieten die angebotenen Programmierschnittstellen der vorgestellten Lösungen nicht das gewünschte Abstraktionsniveau, so dass – anders als in dieser Arbeit gefordert – Entwickler mit Sprachkonstrukten wie Systemaufrufen, Timern und traditionellen Threads konfrontiert werden und eine einfache Übertragung des auf dem Taskmodell basierenden Entwurfs einer Echtzeitanwendung auf die Ebene der Implementierung nicht möglich ist.

Neben den kernelbasierten Lösungsansätze existieren weitere Ansätze, die im US des Betriebssystems angesiedelt sind, sogenannte US-Bibliotheken. Diese basieren entweder direkt auf dem SCI eines Betriebssystems, also der Schnittstelle zwischen US zum KS, oder auf weiteren Bibliotheken, die diese betriebssystemnahen Systemaufrufe kapseln. Der bekannteste Vertreter in diesem Kontext ist der Portable Operating System Interface (POSIX) Standard [7].

Eine weitere Bibliothek, die direkt über das SCI mit dem Kernel kommuniziert, findet sich in [12]. Die vorgestellte Implementierung stellt Planungsverfahren für Multikernprozessoren zur Verfügung. Neben dem Planen mit statischen Prioritäten werden auch Planungsverfahren mit dynamischen Prioritäten angeboten. Des Weiteren stellt die Bibliothek empirische Analysen in Bezug auf die Umschaltlatenz von Tasks und den durch die Planung erzeugten Overhead zur Verfügung. Laut den Autoren basiert die Implementierung nur auf wenigen betriebssystemspezifischen Befehlen und sei trotz ihrer Plattformabhängigkeit leicht portierbar. Hinweise zur Vorgehensweise oder gar ein Beispiel bezüglich einer Portierung auf eine andere Plattform wie z. B. den RaspberryPi fehlen jedoch.

Eine auf dem POSIX Standard basierende Middleware wird in [9] vorgestellt. Der sogenannte Meta Scheduler stellt eine Programmierschnittstelle zur Verfügung, mit deren Hilfe Entwickler eigene Planungsverfahren implementieren und integrieren können. Die einzige Anforderung an die zugrunde liegende Plattform ist die Unterstützung von POSIX. Die Autoren gehen sogar so weit, dass die verwendeten POSIX Funktionen aufgelistet werden, so dass die Voraussetzungen für den korrekten Betrieb der Softwarebibliothek eindeutig definiert sind. Ein Nachweis der funktionalen Korrektheit des Meta Schedulers wird mit Hilfe des Modellierungswerkzeugs und Model-Checker UPPAAL [8] durchgeführt. Es wird angegeben, dass Implementierungen des Meta Schedulers für die Echtzeitbetriebssystems (RTOSs) QNX und VxWorks realisiert und beispielhaft drei unterschiedliche Planungsverfahren für Einprozessorsysteme implementiert und evaluiert wurden: EDF, Locke's Best Effort Scheduling Algorithm (LBESA) [10] und Dependent Activity Scheduling Algorithm (DASA) [4].

In [2] wird eine speziell für die Lehre entworfene C-Bibliothek vorgestellt, welche auf POSIX basiert. Die Intention ist es, den Entwickler bei der Umsetzung von Echtzeitsystemen zu unterstützen und das Programmieren auf einem höheren Abstraktionsniveau zu erlauben. Adressiert wird hier speziell das Gebiet der eingebetteten Systeme. Systemnaher Programmcode, der zum Beispiel zur Erzeugung periodischer Tasks, der Reservierung von Speicher oder zur Synchronisierung paralleler Tasks notwendig ist, wird gekapselt und dem Entwickler über eine Schnittstelle angeboten. Auch wenn dieser Ansatzes gezielt auf die Lehre abzielt, können Studierende nicht vom Abstraktionsgrad des objektorientierten Paradigmas, welches im Rahmen der Informatikausbildung gelehrt wird, profitieren. Wie ein theoretischer Entwurf einer Echtzeitanwendung konkret auf das zur Verfügung gestellte API übertragen werden kann, wird nicht aufgezeigt.

Die vorgestellten Lösungsansätze sind alle im US des Betriebssystems angesiedelt. Inwieweit versucht wird sich bezüglich der Realisierung der angebotenen Programmierschnittstellen an den Modellen aus der Theorie der Echtzeitsysteme zu orientieren, wird nicht weiter ausgeführt, da es vielmehr um die Umsetzung und das Testen, also einen „Proof of Concept"der Theorie geht, jedoch nicht darum, Entwicklern bei der Realisierung von Echtzeitanwendungen Hilfestellungen und Rahmenimplementierung anzubieten. Somit wird auch mit Hilfe der genannten US-Bibliotheken nicht der gewünschte Abstraktionsgrad erreicht, so dass eine Übertragung des theoretischen Entwurfs einer Echtzeitanwendung basierend auf dem Taskmodell leicht möglich ist. Entsprechend eignen sich die Ansätze aus diesem Grund nicht für die Anwendung in der Lehre im Rahmen der Informatikausbildung.

3   Mapping Real-Time to POSIX

Speziell für den Einsatz in der Lehre im Rahmen der Informatikausbildung wurde in der Arbeitsgruppe Echtzeitsysteme der Universität Koblenz-Landau die Softwarebibliothek MARTOP (Mapping Real-Time to POSIX) entwickelt. Die Hauptintention dieses Open-Source-Projekts ist es, Entwickler und Studierende bei der Realisierung der softwareseitigen Komponenten von Echtzeitanwendungen zu unterstützen, insbesondere wenn es darum geht das theoretische Modell auf die Ebene der Implementierung zu überführen. Unter Verwendung der Programmiersprache C++ und basierend auf dem etablierten POSIX Standard bietet MARTOP das geforderte Abstraktionsniveau und ist in begrenztem Maße plattformunabhängig. Des Weiteren wird Studierenden eine solide Basis zu Verfügung gestellt. damit sich die zu verrichtenden Arbeiten bei der Umsetzung der softwareseitigen Komponente einer Echtzeitanwendung auf das Wesentliche konzentriert.

Im Folgenden wird zunächst die Softwarearchitektur und die Programmierschnittstelle von MARTOP erläutert. Im Anschluss daran wird ein Beispiel eines Echtzeitsystems vorgestellt, dessen softwareseitige Komponente mit Hilfe von MARTOP realisiert wurde. Hierbei wird insbesondere aufgezeigt, wie das zuvor entwickelte theoretische Modell auf die Ebene der Implementierung übertragen werden kann.

3.1   Softwarearchitektur und Programmierschnittstelle

Die Softwarearchitektur von MARTOP ist in Abbildung 1 als Schichtenmodell dargestellt. Die unterste Schicht bildet die zugrunde liegende Plattform, bestehend aus der Hardware und dem darauf laufenden Betriebssystem. Die POSIX API bildet die Kommunikationsschnittstelle zwischen Betriebssystem Kernel und Applikationen und wird im US des Betriebssystems ausgeführt. MARTOP selbst stellt zusammen mit der Anwendungsschicht die oberste Schicht innerhalb des Schichtenmodells dar und nutzt insbesondere Teile der POSIX Real-Time Extension (IEEE Std 1003.1b-1993), um die gewünschten Funktionen im Rahmen der Echtzeitplanung zu realisieren.

Insgesamt lässt sich die MARTOP-Bibliothek in drei Hauptkomponenten einteilen: MARTOP-test, MARTOP-mapping und MARTOP-eval. MARTOP-test ist speziell für die Aufgabe konzipiert, die zugrunde liegende Plattform hinsichtlich der von MARTOP erhobenen Anforderungen für einen korrekten Betrieb zu testen. Dabei spielt insbesondere die POSIX-Kompatibilität eine übergeordnete Rolle. MARTOP-mapping bildet die eigentliche Programmierschnittstelle, welche vom Entwickler zur Realisierung einer Echtzeitanwendung (in Abb. 1 als RT Apps dargestellt) verwendet wird. Eine bereits von MARTOP zur Verfügung gestellte Echtzeitanwendung, welche auf der MARTOP-mapping Komponente basiert, stellt MARTOP-eval dar. Mit Hilfe dieses Analysewerkzeugs kann anhand unterschiedlicher Testszenarien überprüft werden, ob die von MARTOP angebotenen Echtzeitplanungsverfahren korrekt auf der zugrunde liegenden Plattform

68   A. Stahlhofen, D. Z. Bijak, D. Zöbel

ausgeführt werden. Des Weiteren werden Informationen bezüglich der Umschalt-zeiten von Tasks, der Prozessorauslastung, dem Scheduling Overhead und der gemessenen WCET (worst case execution time) einzelner Tasks generiert und zur Verfügung gestellt.

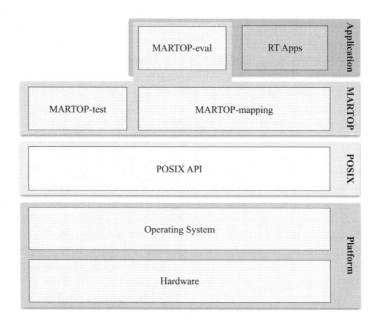

Abb. 1. Softwarearchitektur der MARTOP-Bibliothek in Form eines Schichtenmodells.

Die Verwendung der von MARTOP-mapping angebotene Programmierschnitt-stelle wird anhand eines Minimalbeispiels in dem Listing 2 demonstriert. Instan-tiiert und verplant wird dabei die in Tabelle 1 angegebene Menge von Tasks. Bezüglich der Spezifikation von benutzereigenen Tasks orientiert sich MARTOP am *Java-Thread* Konzept. D.,h. es existierte eine abstrakte Klasse `MartopTask`, von welcher die benutzerspezifischen Task-Klassen abgeleitet werden. Dabei muss der Entwickler eine definierte Methode `run()` implementieren, welche beim Aus-führen eines Tasks aufgerufen wird. Ebenso bietet MARTOP die Möglichkeit zur Implementierung von benutzerspezifischen Planungsverfahren. Dazu muss lediglich eine weitere abstrakte Klasse `SchedulingPolicy` mit einer geringen Menge an abstrakten Methoden implementiert werden und kann daraufhin von der Klasse `Scheduler` verwendet werden, um eine gegebene Menge von Tasks zu verplanen.

Der aufgeführte Programmcode in dem Listing 2 zeigt ein minimales Beispiel der Hauptroutine bei der Implementierung der softwareseitigen Komponente ei-nes Echtzeitsystems mittels MARTOP. Dabei werden zwei Tasks mit folgenden Eigenschaften erzeugt:

Tabelle 1. Eigenschaften des in dem Listing 2 verwendeten Tasks, wobei C_i die WCET (worst case execution time) und T_i die Periode eines Tasks τ_i darstellt.

Task	C_i	T_i
τ_1	4 ms	10 ms
τ_2	2 ms	7 ms

Listing 2. Minimales Programmierbeispiel des Hauptprogramms der software-seitigen Komponente eines Echtzeitsystems unter Verwendung von MARTOP.

```
1  int main(int argc, char **argv) {
2      /* Create two custom tasks with wcet of 4ms and 2ms and
           rates of 10ms and 7ms. */
3      MartopTask *t1 = new CustomTask(4 * 1E6, 10 * 1E6);
4      MartopTask *t2 = new CustomTask(2 * 1E6, 7 * 1E6);
5
6      /* Choose an according scheduling policy (EDF). */
7      EdfSchedulingPolicy edfSchedulingPolicy;
8
9      /* Initialize the scheduler and add the custom tasks. */
10     Scheduler scheduler(edfPlanningAlgorithm);
11     scheduler.add(t1);
12     scheduler.add(t2);
13
14     /* Start the scheduler. */
15     scheduler.start();
16
17     return 0;
18 }
```

3.2 Das Wippe-Experiment

Das Wippe-Experiment ist eine Erweiterung des „Ball on a Beam"Experiments, dessen Ziel es ist, automatisiert einen Ball im Zentrum einer Ebene auszuba-lancieren. Mittels der Bilder einer senkrecht über der Ebene justierten Web-cam und einem entsprechenden Bildverarbeitungsalgorithmus wird die Position des Balls millimetergenau bestimmt. Über die serielle Schnittstelle können zwei Schrittmotoren angesprochen werden, die zur Auslenkung der Ebene dienen. Der Versuchsaufbau ist im Labor der Arbeitsgruppe Echtzeitsysteme an der Universität Koblenz-Landau zu finden und wird dort hauptsächlich in der Lehre einge-setzt. Zum Zweck der Evaluation von MARTOP wurde die Softwarekomponente des Wippe-Experiments im Rahmen einer Bachelorarbeit durch einen Studieren-den neu mit Hilfe der MARTOP-Bibliothek implementiert und insbesondere die Aspekte der Übertragung des theoretischen Modells, als auch die Benutzbarkeit der Softwareschnittstelle von MARTOP analysiert.

Der Ablauf bei Ausführung des Wippe-Experiments lässt sich in drei Haupt-aufgaben unterteilen, die jeweils innerhalb eines Tasks ausgeführt werden:

1. Aufnahme des Bildes mit Hilfe der Webcam
2. Berechnungskomponente, welche sich aus den nachfolgenden Teilaufgaben zusammensetzt:

(a) Bildverarbeitungsalgorithmus zur Bestimmung der Ballposition
(b) Berechnung der Stellgröße mit Hilfe eines PID-Reglers anhand der Ball-
    position
(c) Senden der aus der Stellgröße abgeleiteten Positionen an die Schrittmo-
    toren
3. Senden von Diagnosedaten über eine asynchrone UDP-Schnittstelle

Obwohl die Berechnungskomponente drei weitere Teilaufgaben umfasst, werden diese aufgrund ihrer stark sequentiellen Abhängigkeit in einem Task hinter-
einander ausgeführt. Die aus den Hauptaufgaben resultierenden Tasks werden
parallel mittels EDF verplant. Dadurch wird insbesondere gewährleistet, dass
während der Verarbeitung eines Bildes gleichzeitig ein neues Bild aufgenommen
werden kann. Diagnoseinformationen, wie z. B. die aktuelle Ballposition, werden
asynchron via UDP an parallel an einen entfernten Rechner gesendet, so dass
für die Anzeige als auch das Versenden dieser Daten kaum Rechner-Ressourcen
beansprucht werden.

Tabelle 2. Zeiteigenschaften der einzelnen Tasks des Wippe-Experiments.

Task	C_i	T_i
Bildaufnahme	$17\,738\,\mu s$	$35\,000\,\mu s$
Berechnungskomponente	$33\,594\,\mu s$	$72\,000\,\mu s$
UDP-Komponente	$4295\,\mu s$	$250\,000\,\mu s$

Um die Perioden der einzelnen Tasks festzulegen, wurde empirisch die WCET
der einzelnen Tasks auf dem Zielrechner (Intel Core i7, 4 * 2,9 GHz, 8GB RAM,
Ubuntu 15.04 LTS) abgeschätzt. Unter Berücksichtigung der Auslastung und
der Priorität der einzelnen Teilaufgaben können somit die Perioden der einzelnen
Tasks bestimmt werden (vgl. Tabelle 2). Insgesamt ergibt sich somit die folgende
Auslastung U:

$$U = \frac{17\,738}{35\,000} + \frac{33\,594}{72\,000} + \frac{4295}{250\,000} \approx 0,99 \tag{1}$$

Da die Bedingung bezüglich der Planbarkeit einer Menge von Tasks bei EDF
mit einer Auslastung kleiner 1 erfüllt ist und es sich bei der Ausführungszeit
der aufgeführten Tasks um die WCET handelt, können die Hauptaufgaben des
Wippe-Experiments gemäß den getroffenen Perioden verplant werden. Der nun
vorliegende Entwurf, bestehend aus den Tasks und deren Zeiteigenschaften, kann
ähnlich wie in dem Listing 2 mittels MARTOP umgesetzt werden. Lediglich die
Initialisierung der Tasks muss ausgetauscht und für jede der drei Hauptaufgaben
eine eigene Task-Klasse erstellt werden.

In Abbildung 2 wird exemplarisch ein Soll-Ist-Vergleichsdiagramm für die Regelung der x-Achse dargestellt. Das Wippe-Experiment wurde hierbei jedoch in
einem bestimmten Modus betrieben, so dass sich in regelmäßigen Abständen der
Zielpunkt des Balls auf der Ebene verändert. In diesem Fall werden nacheinander

alle vier Ecken der Ebene angesteuert. Das Diagramm vergleicht die MARTOP-basierte Umsetzung gegenüber einer rein sequentiellen Implementierung bezüglich der Zeit, die benötigt wird, um den Ball an den neuen Zielpunkt zu manövrieren. Es ist deutlich zu erkennen, dass die MARTOP-basierte Version ca. 30 ms schneller ist verglichen mit dem sequentiellen Ansatz, was in Bezug auf die Granularität der Zeiteigenschaften der einzelnen Tasks des Wippe-Experiments als erheblich einzuschätzen ist. Auch die Positionsgenauigkeit weicht bei der mittels MARTOP umgesetzten Lösung weniger vom Soll-Wert ab, als die sequentielle Variante.

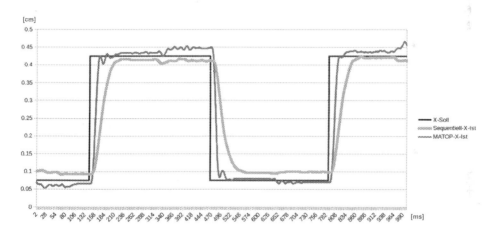

Abb. 2. Soll-Ist-Vergleichsdiagramm bezüglich der Regelung der x-Achse bei einer sequentiellen, sowie einer MARTOP-basierten Ausführung.

4   Fazit und Ausblick

Im Rahmen der dargelegten Arbeit wird der Versuch unternommen, die parallele Programmierung für Studierende in der Informatikausbildung und speziell im Teilgebiet der Echtzeitplanung beherrschbarer zu gestalten und die Entwicklung und Implementierung von Echtzeitanwendungen maßgeblich zu unterstützen. Studierende können auf die ihnen aus der Theorie bekannten Konzepte und Notationen zurückgreifen, ohne den Umgang mit komplexen Konstrukten der parallelen Programmierung, wie z. B. Threads aus der POSIX *pthread* Bibliothek, erlernen zu müssen. Dies verschafft einen erheblichen Vorteil, da sich die Aufgaben im Rahmen einer Implementierung auf die wesentlichen, anwendungsspezifischen Probleme konzentrieren können und entsprechende Rahmenbedingung zur Umsetzung einer Echtzeitanwendung von der vorgestellten Softwarebibliothek MARTOP übernommen werden.

In der aktuellen Version der MARTOP-Bibliothek werden bislang nur Planungsverfahren für Einkern-Prozessoren unterstützt. Durch die weite Verbreitung von Mehrkern-Prozessoren ist in diesem Kontext die Erweiterung von MAR-TOP geplant.

Literaturverzeichnis

1. Giorgio Buttazzo. *Hard Real-Time Computing Systems: Predictable Scheduling Algorithms and Applications.* Springer, 2011.
2. Giorgio Buttazzo and Giuseppe Lipari. Ptask: An educational C library for programming real-time systems on Linux. *IEEE Int. Conf. Emerg. Technol. Fact. Autom. ETFA*, (Etfa), 2013.
3. John Calandrino, Hennadiy Leontyev, Aaron Block, UmaMaheswari Devi, and James Anderson. LITMUS^RT : A Testbed for Empirically Comparing Real-Time Multiprocessor Schedulers. In *2006 27th IEEE Int. Real-Time Syst. Symp.*, pages 111–126. IEEE, 2006.
4. Raymond Keith Clark. *Scheduling dependent real-time activities.* PhD thesis, Carnegie Mellon University, 1990.
5. Dario Faggioli, Michael Trimarchi, and Fabio Checconi. An implementation of the earliest deadline first algorithm in Linux. In *Proc. 2009 ACM Symp. Appl. Comput. - SAC '09*, page 1984, 2009.
6. Philipper Gerum. The Xenomai Project - Implementing a RTOS emulation framework on GNU/Linux. In *Third Real-Time Linux Work.*, 2001.
7. ISO/IEC 9945-1. Information Technology - Portable Operating System Interface (POSIX) - Part 1: System Application Program Interface (API) [C Language]. Technical report, Institute of Electrical and Electronic Engineers (IEEE), 1996.
8. Kim G Larsen, Paul Pettersson, and Wang Yi. UPPAAL in a nutshell. *Int. J. Softw. Tools Technol. Transf.*, 1(1):134–152, 1997.
9. P. Li, S. Suhaib, and S. Feizabadi. A formally verified application-level framework for real-time scheduling on POSIX real-time operating systems. *IEEE Trans. Softw. Eng.*, 30(9):613–629, sep 2004.
10. C.D. Locke. Best effort decision making for real-time scheduling. *Ph. D. thesis, Dep. Comput. Sci. Carnegie Mellon Univ.*, 1986.
11. P Mantegazza, EL Dozio, and S Papacharalambous. RTAI: Real time application interface. *Linux J.*, 2000.
12. Malcolm S. Mollison and James H. Anderson. Bringing theory into practice: A userspace library for multicore real-time scheduling. In *Real-Time Technol. Appl. - Proc.*, pages 283–292, 2013.
13. Victor Yodaiken. The RTLinux Manifesto. In *Proc. 5th Linux Expo*, 1999.
14. Dieter Zöbel. *Echtzeitsysteme: Grundlagen der Planung (eXamen.press) (German Edition).* Springer, 2008.

Konsistenzprüfungen in *OpenPEARL*

Rainer Müller[1] und Marcel Schaible[2]

[1] Hochschule Furtwangen, Fakultät Informatik, 79120 Furtwangen
mueller@hs-furtwangen.de
[2] Lehrstuhl für Informationstechnik, insb. Realzeitsysteme
FernUniversität in Hagen, 58084 Hagen
marcel.schaible@fernuni-hagen.de

Zusammenfassung. Die Programmierumgebung *OpenPEARL* soll die Programmiersprache PEARL90 für Ausbildungszwecke bereitstellen. Programmier- und Konfigurationsfehler sollen dabei möglichst frühzeitig im Entwicklungsprozess erkannt und gemeldet werden. Dazu wurde ein Prüfschritt in die Entwicklungsumgebung eingefügt, der Export und Import von Usernamen auf Verträglichkeit überprüft.
Das Projekt befindet sich in der Entwicklung, sodass hier der aktuelle Entwicklungsstand wiedergegeben wird.

1 Einleitung

OpenPEARL ist eine Implementierung der Programmiersprache PEARL90, welche — wie viele andere Programmiersprachen auch — die Verteilung der Programmanweisungen auf mehrere Module erlaubt. Während JAVA die Konsistenz zwischen Modulen durch eine feste Übersetzungsreihenfolge sicherstellt macht C dies über einen Mechanismus über sogenannte Headerdateien, die von Entwickler manuell zu erstellen sind. Der Einsatz der Headerdateien ist nicht zwingend erforderlich. Die notwendige Importinformation kann direkt in den Quelltext geschrieben werden. Eine echte Sicherung der Konsistenz von Export und Import ist dabei in keiner Weise gegeben. Technisch werden die Bezüge zwischen Export und Import durch den Binder aufgelöst. Dieser kennt meist keinerlei Typinformationen, sondern nur die Namen der exportierten bzw. importierten Elemente.

Bei PEARL90 verhält es sich ähnlich, wobei nicht einmal Headerdateien vorgesehen sind. Der Import von Programmobjekten erfolgt in jedem Modul explizit im Quelltext durch die Anweisung SPC. Die Implementierung von *OpenPEARL* nutzt C++ als rechnerunabhängige Zwischensprache und die gcc-Toolchain zur Übersetzung. Inkonsistenzen bei Export und Import führen dann zu unlesbaren Fehlermeldungen des Binders. Der Rückbezug auf das ursächliche Problem ist nur für erfahrene Programmierer möglich. Im Fall der Ein- und Ausgabe werden in PEARL90 drei Arten von Datenstationen verwendet, wobei die Anweisungen READ/WRITE und GET/PUT über verschiedene Userdations auf dem selben Systemgerät zulässig sind, sowie die Anweisungen TAKE/SEND, die einen anderen Gerätetyp erfordern. Eine Inkonsistenz in diesem Bereich würde erst beim öffnen der Dationstation erkannt.

Ein Ziel in der Implementierung von *OpenPEARL* die möglichst frühzeitige Erkennung von Fehlern und eine zielführende Fehlermeldung.

2   Überprüfung der Export/Import-Schnittstelle

Für die Konsistenzprüfung zwischen Systemteil und Problemteil, sowie zwischen einzelnen Modulen wurde ein weiterer Schritt in das Übersetzungssystem eingefügt. Das System gliedert sich nun in drei Hauptteile (Abb. 1):

1. den Sprachumsetzer von PEARL $\rightarrow$ C++
2. das Laufzeitsystem
3. Intermodulprüfer

Die Übersetzung eines PEARL-Moduls erfolgt wie in [3] beschrieben in einen ersten Schritt in einen Zwischencode in Form von C++, der dann von der gcc-Toolchain zusammen mit Laufzeitbibliotheken das Anwendungsprogramm ergibt.

Als Erweiterung wird nun zusätzlich bei einem vorhandenen Systemteil eine XML-Darstellung dieses Abschnitts erstellt und die Export- und Importelemente in einem modulspezifischen XML-Dokument hinterlegt. Zusammen mit einer externen Datei, die die plattformspezifischen Resourcen beinhaltet ist es nun möglich die Verträglichkeit der Vereinbarungen zu überprüfen.

3   Änderungen in der Syntax im Systemteil

In PEARL90 wird ein Systemgerät durch seinen Namen und maximal vier nicht negativen ganzen Zahlen beschriebene wird. Z.B.: `Motor: DIGEA*1*1,4;` [2]. Es wurde drei Problembereiche in dieser Syntax ausgemacht.

Anzahl und Typ der Parameter: Die Schreibweise der Parameter mit maximal 4 ganzen Zahlen entspricht nicht mehr den aktuellen Gegebenheiten in der Systemkonfiguaration mit z.B. textuellen Pfadangaben. Daher wurde nun eine homogene prozedurartige Schreibweise gewählt, die die Datentypen BIT, FIXED und CHAR unterstützt.

Verbindungsstrukturen: In früheren PEARL Versionen [4] waren noch Verbindungen zwischen Elementen im Systemteil möglich. Diese Art der Darstellung ist sehr hilfreich, wenn z.B. Sensoren und Aktoren über ein Bussystem angeschlossen werden [1].

Systemkonfiguration: Speziell in Anwendungen, die direkt auf einem Mikrocontroller laufen, benötigen eine Möglichkeit der Parametrisierung für das Ablaufsystem, wie z.B. die Möglichkeit der Festlegung von Fehlermeldegerät.

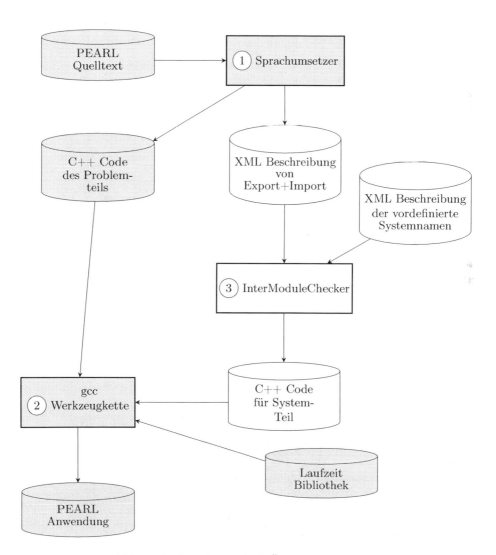

Abb. 1. Aufbau des PEARL Übersetzungssystems.

Um diese Punkte umzusetzen wurde die Grammatik im Systemteil entsprechend umgebaut:

SystemPart ::=
    SYSTEM;
        [UserNameDeclaration§ForDationInterruptOrSignal
        | ConfigurationElement] ...

UserNameDeclaration ::=
    Identifier§UserName: Identifier§DationSystemName
        [(ListOfConstants)] [Association];
    | Identifier§UserName: Identifier§SignalSystemName ;
    | Identifier§UserName: Identifier§InterruptSystemName
        [(ListOfConstants)] ;

ConfigurationElement ::=
    Identifier§ConfigurationItem [(ListOfConstants)] [Association] ;

Association ::=
    [Association] - - -
        Identifier§UserNameOfConnectionProvider
        | Identifier§ConnectionProviderSystemName [(ListOfConstants)]

ListOfConstants ::=
    ConstantParameter [, ConstantParameter] ⋯

ConstantParameter ::=
    IntegerWithoutPrecission | BitStringConstant | CharacterStringConstant

Die Konfigurationselemente unterscheiden sich von UserNameDeclarations alleine durch den fehlenden Benutzernamen.

In einem konkreten Beispiel für zwei Temperatursensoren an einem I^2C-Bus und einer Umleitung der Fehlermeldungen auf eine Datei ergibt sich dann die Schreibweise aus Listing 3. I2CBus, LM75, Log, Disc und LogFile sind vom *OpenPEARL*-System bereitgestellte Systemnamen.

Listing 3. Systemteil mit Sensoren, die über einen I2C-Bus angeschlossen sind, sowie der Ausgabe von Systemfehlermeldungen auf Datei.

```
1 myI2cBus   : I2CBus('/dev/i2c-1', 100000);    ! 100 kHz
2 tempInside : LM75('48'B4) --- myI2cBus;
3 tempOutside: LM75('49'B4) --- myI2cBus;
4 folder: Disc('/tmp' ,10);    ! max. 10 opened files
5                               ! in folder /tmp
6 Log('EW') --- LogFile('pearl_log.txt') --- folder;
```

Transferrichtung und zulässiges Datenformat für den Umgang mit dem Prozessgerät sind hier nicht ersichtlich. Diese werden in der Systembeschreibung des jeweiligen Systemgerätes hinterlegt. Im Fall des LM75 sind diese Eigenschaften nur lesende Betriebsart mit einem Datenformat von FIXED(15).

4 Konsistenz von System- und Problemteil

Im ersten Schritt wird die Systemteil-/Problemteilschnittstelle untersucht. Bei PEARL können System- und Problemteil getrennt voneinander übersetzt werden. Daher muss die Konsistenzprüfung nach Behandlung der beiden Komponenten in einem separaten Schritt erfolgen. Der Sprachumsetzer erzeugt aus den im Systemteilinformationen sowie aus dem Import des Problemteils eine Beschreibung in XML-Form. Die Spezifikation von Systemgeräten für Datenstationen vom Typ BASIC ist in PEARL90 problembehaftet, da dort kein Transfertyp angegeben wird. Der Sprachumsetzer kann dann keinerlei Typprüfungen bei TAKE und SEND-Anweisungen durchführen. Daher wurde die Syntax der Spezifikation von Systemdatenstationen in *OpenPEARL* das Attribut SYSTEM und der Transferdatentyp ergänzt: `SPC tempInside DATION IN SYSTEM FIXED(15);`

Der Sprachumsetzter exportiert aus den Systemteilanweisungen und Spezifikationen im Problemteil per XML entsprechend Listing 4.

Listing 4. Objekt Export und Import in XML-Darstellung.

```
1  <Module file="demo.prl">
2      <System>
3          <UserNameDeclaration>
4              <UserName line=3>myI2CBus</UserName>
5              <SystemName>I2CBus</SystemName>
6              <params>
7                  <param>"/dev/i2c-1"</param>
8                  <param>100000</param>
9              </params>
10         </UserNameDeclaration>
11         <UserNameDeclaration>
12             <UserName>tempInside></Username>
13             <SystemName>LM75</SystemName>
14             <params>
15                 <param>0x48</param>
16             </params>
17         </UserNameDeclaration>
18     </System>
19     <Problem>
20         <Specifications>
21             <Dations>
22                 <Dation>
23                     <Name line=15>tempInside</Name>
24                     <HasSystemAttribute>1</HasSystemAttribute>
25                     <Dir>IN</Dir>
26                     <IsBasic>1</IsBasic>
27                     <Data PARAM=15>FIXED</Data>
28                 </Dation>
29             </Dations>
30         </Specifications>
31     </Problem>
32  </Module>
```

In diesem Fall mit nur einem Modul könnte die Konsistenzprüfung komplett im Übersetzungsschritt erfolgen. Die im Systemteil definierten Namen müssen zu dem im Problemteil spezifizierten Namen kompatibel sein. Dazu werden aus den Deklarationen im Systemteil die plattformspezifischen Systemnamen in der Bibliothek (vgl. Listing 5) der Systemelemente gesucht und daraus deren Typ extrahiert. Dabei werden auch die aktuellen Parameter nach Typ und Wert abgeglichen. Für jede Zielplattformen von *OpenPEARL* gibt es eine separate Beschreibungsdatei mit den jeweils dort verfügbaren Elementen.

Listing 5. Definition der Systemnamen auf der konkreten Plattform

```
1  ...
2  <SystemNames file="systemnames.xml">
3     <Signals>
4        ...
5     </Signal>
6     <Interrupts>
7        ...
8     </Interrupts>
9     <Dations>
10        <Dation>
11           <name>I2CBus</name>
12           <params>
13              <CHAR> <NotEmpty/> </CHAR>
14              <FIXED PARAM="31"> <restrict> > 0</restrict>
15           <params>
16           <ConnectionProvider>
17              <ConnectionType>
18                 <name>I2CBusConnection</name>
19                 <Multiplicity>*</Multiplicity>
20                 <DoNotExport/>
21              <ConnectionType>
22           </ConnectionProvider>
23        </Dation>
24        <Dation>
25           <name>LM75</name>
26           <params>
27              <BIT PARAM="8">
28                 <values> '48'B4, '49'B4, '4A'B4, '4B'B4,
29                          '4C'B4, '4D'B4, '4E'B4, '4F'B4
30                 </values>
31              <BIT>
32           </params>
33           <ConnectionClient>
34              <name>I2CBusConnection</name>
35           </ConnectionClient>
36           <supports>
37              <IN>
38                 <FIXED PARAM="15"/>
39              </IN>
40        </Dation>
41     </Dations>
42  </SystemNames>
```

Über diese Prüfungen ist sichergestellt, dass

- Systemelemente korrekt bezüglich Zahl und Werte der Parameter verwendet werden,
- keine Verwechslung zwischen Signal, Interrupt und Dation möglich ist,
- eine sichere Trennung des Zugriffs auf BASIC und nicht BASIC Dations erfolgt,
- Geräteverknüpfungen nur zwischen kompatiblen Geräten erfolgen,
- der Tranferdatentyp von BASIC Dations zwischen Gerät und dessen Spezifikation im Problemteil konsistent ist.

Im Falle eines Fehlers erfolgt die Meldung anhand der beteiligten Quellzeilen der PEARL Module.

5 Konsistenzprüfungen zwischen Problemteilen und aktueller Stand

Der aktuelle Stand des Sprachumsetztes unterstützt das Attribut GLOBAL noch nicht. Daher ist dieser Teil der Prüfungen noch nicht relevant. Der oben beschriebene Ansatz passt hier ebenso, da lediglich die Konsistenz von Deklaration und Spezifikation sichergestellt werden muss.

Die Eigenschaft von PEARL90, dass die per TYPE vereinbarten Datentypen in jedem Modul erneut niederzuschreiben sind birgt ein großes Fehlerrisiko. Ein Includemechanismus, wie er in C, C++ und RTOS-UH [5] bekannt ist, wäre für *OpenPEARL* eine sinnvolle Erweiterung. Unabhängig davon bleibt die Notwendigkeit der hier beschriebenen Prüfungen bestehen.

Der Sprachumsetzer realisiert bisher nur rudimentäre semantische Überprüfungen wie z.B. die Typverträglichkeit bei arithmetischen Ausdrücken. D.h., die oben beschriebenen Typprüfungen bei TAKE und SEND-Anweisungen werden noch nicht durchgeführt. Ein Prototyp der semantischen Analyse wurde als Abschlussarbeit zur semantischen Analyse implementiert, steht aber noch nicht allgemein zur Verfügung.

Der Export von Systemteilinformation und die Typprüfung wurde bislang in einem studentischen Projekt [6] realisiert. Die Integration in den Sprachumsetzer von Export der Systemteil- und Problemteilinformationen ist in Bearbeitung.

6 Ausblick

Eine Überprüfung auf mehrfache Nutzung von z.B. Ein- und Ausgabebits erfolgt derzeit erst zur Laufzeit. Eine regelbasierte Erweiterung der Attribute der vordefinierten Systemnamen wäre hier hilfreich, sodass derartige Fehler im Buildprozess erkannt werden.

Literaturverzeichnis

1. Stephan Hertwig: *SmallPEARL — Treiber für die Peripherieinfrastruktur des Raspberry*, Masterthesis FernUniversität in Hagen, Sommersemester 2015
2. GI Fachgruppe 4.4.2: *PEARL90 – Sprachreport*, Version 2.0, 1995.
3. R. Müller, M. Schaible: Die Programmierumgebung OpenPEARL90, In: W.A. Halang, H. Unger (Hrsg.): *Informatik aktuell – Industrie 4.0 und Echtzeit*, Springer Verlag, 2014
4. L. Frevert: *Echtzeitpraxis mit PEARL*, Vieweg+Teubner Verlag, ISBN 3-00-011380-0, 2003.
5. W. Gerth: *RTOS-UH*, Version 21.6.2006
6. M.Bauer, T.Schaz, J.Weber, T. Welte, J. Wirth: *OpenPEARL*, Projektarbeit im Studiengang AIB/CNB der HS Furtwangen, Sommersemester 2016

PEARL für sicherheitsgerichtete Echtzeitprogrammierung

Marcel Schaible und Wolfgang A. Halang

Lehrstuhl für Informationstechnik, insb. Realzeitsysteme
FernUniversität in Hagen, 58084 Hagen
{marcel.schaible|wolfgang.halang}@fernuni-hagen.de

Zusammenfassung. In sicherheitsgerichteten Automatisierungsanwendungen eingesetzte Programme müssen sicherheitstechnisch abgenommen werden. Um diese schwierige Aufgabe einer Lösung näherzubringen, werden durch Zusammenfügung und Modifikation von PEARL90 und Mehrrechner-PEARL eine sicherheitsgerichtete Grundsprache sowie für jede der vier Sicherheitsklassen nach IEC 61508 eine inhärent sichere Teilsprache definiert, deren Syntax die Einhaltung der jeweils geltenden Einschränkungen erzwingt. Die den beiden oberen Sicherheitsklassen SIL 4 und SIL 3 zugewiesenen Teilsprachen für Ursache-/Wirkungstabellen bzw. Funktions- und Ablaufpläne auf der Grundlage verifizierter Bibliotheken sind die einzigen, die hohen Sicherheitsanforderungen genügende Programme derzeit einfach und wirtschaftlich zu verifizieren gestatten. Für die unteren Sicherheitsklassen werden textuelle Teilsprachen vorgestellt, und zwar für SIL 2 eine formale Programmverifikation ermöglichende Teilsprache und für SIL 1 eine statische Sprache mit sicheren Konstrukten zum Einsatz im asynchronen Mehrprozessbetrieb.

1 Einleitung

Die Bedeutung programmierbarer elektronischer Systeme für sicherheitskritische Steuer- und Regelanwendungen ergibt sich aus dem wachsenden gesellschaftlichen Sicherheitsbewusstsein einerseits und aus dem technischen Trend hin zu flexibleren, d.h. programmgesteuerten, Automatisierungsgeräten andererseits. Es muss der Zustand erreicht werden, dass rechnergestützte Systeme mit einem hinreichenden Grad an Vertrauen in ihre Verlässlichkeit erstellt werden können, der ihre Zulassung für sicherheitskritische Automatisierungsaufgaben durch die Aufsichtsbehörden auf der Basis formeller Abnahmen erlaubt.

Vor dem Hintergrund, dass die in der Automatisierungstechnik vorherrschende Programmierpraxis durch den Einsatz ungeeigneter Hilfsmittel gekennzeichnet ist, besteht der dringende Bedarf an nach Sicherheitsklassen gemäß IEC 61508 [4] gestaffelter und für Automatisierungsaufgaben wirklich erforderlicher inhärent sicherer Programmiersprachen. Dabei sind die Ausdrucksmöglichkeiten zu beschränken, um Automatisierungsprogramme beherrschbar und damit einen Schritt hin zur Ermöglichung ihrer sicherheitstechnischen Abnahme zu machen.

2 Sicherheit und Programmverifikation

Um die Korrektheit von Programmen mit maximaler Vertrauenswürdigkeit und minimalem Aufwand nachweisen zu können, ist der Einsatz von Programmierkonzepten geboten, die den Verifikationsprozess so weit wie möglich unterstützen. Verifikation, und mithin die Zusicherung der Fehlerfreiheit eines Programms, ist in der Tat die Grundbedingung zur Erteilung eines Sicherheitszertifikats. Von sicherheitsgerichteten Automatisierungssystemen zu erfüllende Bedingungen und Ziele können nur erreicht werden, wenn *Einfachheit* als fundamentales Entwurfsprinzip gewählt und – meistens künstliche – Kompliziertheit bekämpft wird, denn einfache Systeme sind leicht zu verstehen und ihr Verhalten ist leicht nachzuvollziehen. Dies entspricht dem Wesen von Verifikation, die weder ein wissenschaftlicher noch ein technischer, sondern ein *kognitiv-sozialer Prozess* ist. So beruht die Gültigkeit mathematischer Beweise auf dem Konsens der Mitglieder der mathematischen Gemeinschaft, dass bestimmte logische Folgerungsketten zu gegebenen Schlussfolgerungen führen. Für die Anwendung auf sicherheitsgerichtete Systeme und unter Berücksichtigung ihrer Bedeutung für Leben und Gesundheit von Menschen, aber auch für die Umwelt und Kapitalinvestitionen heißt das, dass dieser Konsens so breit wie möglich sein sollte. Daher müssen Systeme einfach und geeignete Programmverifikationsmethoden möglichst allgemeinverständlich sein – ohne dabei jedoch Abstriche an Strenge hinzunehmen.

Die Entwicklung von Verfahren zur Sicherheitsprüfung von Software steht noch ganz am Anfang. So lassen sich formale Korrektheitsbeweise bisher nur für relativ kleine Programmeinheiten durchführen – womit erfreulicherweise jedoch schon viele sicherheitskritische Funktionen abgedeckt sind. Als weitere rigorose Methoden lassen sich in diesem Bereich auch häufig symbolische Programmausführungen und sogar vollständige Tests anwenden. In Tabelle 1 werden jeder der vier Sicherheitsintegritätsstufen nach IEC 61508 [4] gemäß der jeweiligen Anforderungen an die Vertrauenswürdigkeit der zu erzielenden Ergebnisse geeignete Programmierparadigmen und Korrektheitsnachweisverfahren zugeordnet.

Tabelle 1. Zuordnung von Verifikations- und Programmiermethoden zu den Sicherheitsintegritätsstufen nach IEC 61508

Sicherheitsstufe	Verifikationsmethode	Programmiermethode
SIL 4	Sozialer Konsens	Ursache-/Wirkungstabelle
SIL 3	Diversitäre Rückwärtsanalyse	Funktionsplan basierend auf verifizierten Bibliotheken
SIL 2	Symbolische Ausführung Formale Korrektheitsbeweise	Prozeduraufruf Zuweisung Alternativauswahl Wiederholungsbegrenzte Schleife
SIL 1	Alle	Inhärent sicher, statisch, anwendungsorientiert

3   Sicherheitsgerichtete Grundsprache

Zweifelsohne ist PEARL die mächtigste höhere Programmiersprache zur Formulierung von Automatisierungsanwendungen. Mit ihren klaren Konzepten und ihren unerreicht guten und anwendungsadäquaten Ausdrucksmöglichkeiten hebt sie sich deutlich von allen anderen Echtzeitprogrammiersprachen ab. Weil sie andererseits nicht speziell für sicherheitsgerichtete Anwendungen entwickelt wurde, sollte sie durch Vereinigung von PEARL90 [1] und der Sprachmenge Mehrrechner-PEARL nach DIN 66253 Teil 3 für verteilte cyber-physische Systeme als Basis für die gemeinsame und konsistente Fortschreibung sowie deren Anpassung hinsichtlich funktionaler Sicherheit weiterentwickelt werden.

Mehrrechner-PEARL besticht durch konzeptionelle Klarheit und Eleganz und stellt ein bis heute unerreichtes Muster zur Strukturierung und Programmierung verteilter Systeme dar. Dazu enthält es Elemente zur Beschreibung der Konfiguration verteilter Systeme, d.h. der Knoten oder Stationen, deren Betriebszustände, der physikalischen Kommunikationsnetze zwischen ihnen, der Anschlüsse an die Peripheriegeräte und die technischen Prozesse. Zudem umfasst es Sprachelemente zur Beschreibung der Programmeigenschaften, d.h. der Verteilung von Programmeinheiten auf Rechnerknoten, der logischen Kommunikationskanäle zwischen diesen und der entsprechenden Übertragungsprotokolle, sowie der Reaktionen auf Fehlfunktionen durch dynamische Rekonfiguration. Mehrrechner-PEARL bietet als Grundelement der Software-Verteilung die sogenannte Collection an, die aus einer Gruppe von Modulen, d.h. aus einem auf einem Einprozessorsystem lauffähigen PEARL90-Programm besteht. Einem Rechnerknoten ist als Software immer genau eine Collection zugeordnet. Mithin ist die Collection auch die Austauscheinheit bei dynamischen Rekonfigurationen, die Reparatur, Wartung und allmähliche Leistungsabsenkung bei Fehlerbehandlungen unterstützen. Collections kommunizieren untereinander mit Hilfe von Ports, an die sie Nachrichten senden bzw. von wo sie diese empfangen. Unterstützt wird sowohl asynchrone als auch synchrone Kommunikation mit Wartezeitüberwachung, Ausweichaktionen und den Strukturen 1:1, 1:n und n:1.

Komplexität und Kosten der Durchführung großer Projekte im Echtzeitbereich erfordern, dass Systeme sehr systematisch und unter dauernder Erwägung ihrer Weiterentwicklung zu entwerfen sind. Weiterhin sollten Programme leicht und trotzdem sicher modifizierbar sein. Daher liegt die Idee nahe, Objektorientierung in PEARL einzuführen. Dies wurde nach eingehender Untersuchung jedoch verworfen, weil wesentliche objektorientierte Konzepte wie polymorphe Vererbung bei Aufruf von abgeleiteten Methoden dynamische Bindung erfordern und damit die Ausführungszeiten nicht deterministisch werden lassen. Weiterhin ist zum Anlegen neuer Objektinstanzen zur Laufzeit dynamische Speicherverwaltung notwendig, die in sicherheitskritischen Echtzeitsystemen nicht akzeptabel ist. Andererseits unterstützt PEARL bersits die wesentlichen Charakteristika der Objektorientierung wie wohldefinierte Schnittstellen, Geheimnisprinzip, Datenabstraktion und Modularität mit den vorhandenen Sprachmitteln Module, Prozeduren, Schnittstellendefinitionen und benutzerdefinierte Datentypen.

Im Folgenden werden in dieser Grundsprache für jedes Sicherheitsniveau
SIL 1 bis SIL 4 jeweils auf das Notwendigste beschränkte, möglichst einfache
und leicht verständliche sowie ineinander geschachtelte Teilsprachen identifiziert.
Dabei werden weniger sichere Sprachmerkmale schrittweise auf höheren Niveaus verboten, weshalb nicht für jede Sicherheitsstufe eine neue Sprache gelernt
werden muss und Übersetzer prüfen können, ob Programme bestimmte Sicher-
heitsauflagen erfüllen. Das Prinzip, Teilmengen einer Sprache für kritische Anwendungen zu definieren, gestattet es, Programme nach bestimmten Sicherheitsanforderungen zu entwickeln und Code für sicherheitskritische und -unkritische
Systemteile nahtlos miteinander zu verbinden. Je sicherheitskritischer ein System ist, desto restriktivere Methoden sind einzusetzen. Zur ihrer Durchsetzung
muss Übersetzern das gewünschte Sicherheitsniveau mitgeteilt werden, sodass
alle notwendigen Prüfungen bereits zur Übersetzungszeit automatisiert durchgeführt werden können. Ein Ansatz hierzu ist die Einführung von Übersetzerdi-
rektiven, die die für bestimmte Codeabschnitte gültige Sicherheitsstufe festlegen.
Eine Erweiterung besteht darin, die Direktiven zu schachteln, um sicheren und
unsicheren Code transparent miteinander zu verbinden. In diesem Falle dürfen
die Gültigkeitsgrenzen der entsprechenden Abschnitte nicht überschritten werden. Keine Prozedur außerhalb eines solchen Abschnitts darf aus dem Inneren
heraus aufgerufen werden, mit der einzigen Ausnahme, dass sich eine aufgerufene
Prozedur innerhalb eines anderen, gleichwertigen Sicherheitsbereichs befindet.

4   Teilsprache für SIL 1

Unter Sicherheitsaspekten weist PEARL folgende sprachliche Schwächen auf.
So ist das Konzept der Prioritäten zur Bestimmung von Ausführungsreihen-
folgen in Konkurrenzsituationen um Betriebsmittel abhängig von Zusammenhang, Umgebung und Implementierung. Sachgerecht ist hingegen, für Systemre-
aktionen Fertigstellungstermine zu spezifizieren. Wird die anwendungsorientierte
Möglichkeit der Vorgabe von Fristen geschaffen, so entsteht sofort das Problem
von Überlast und Fristüberschreitungen. Im Interesse von Vorhersehbarkeit und
Verlässlichkeit des Ablaufverhaltens müssen möglichst frühzeitige Behandlungen
entsprechender Ausnahmesituationen spezifiziert werden können. Die Bearbeitung einer Reihe von Strukturelementen kann beliebig lange dauern, weshalb sich
nicht garantieren lässt, dass damit programmierte Echtzeitsysteme ihre Zeitbe-
dingungen einhalten. Schließlich sind die implementierungsnahen prozeduralen
Konstrukte Semaphor und Bolt sehr niedrigen Niveaus auf der Spezifikationsebene völlig ungeeignet und auf der Programmierungsebene stellen sie den feh-
leranfälligsten Teil von PEARL dar. Es bedarf funktionaler und strukturierter
Synchronisationsmittel, die bei der Behandlung wechselseitiger Ausschlüsse klar
ersichtlich werden lassen, welche Betriebsmittel wie geschützt werden. Weiterhin müssen maximale Wartezeiten vor Eintritt in kritische Regionen, maximale
Aufenthaltszeiten darin sowie geeignete Ausnahmereaktionen spezifizierbar und
Ausdrucksmöglichkeiten zur abstrakten Beschreibung von Nebenläufigkeit und
von Vorgänger-Nachfolger-Beziehungen vorhanden sein.

Tabelle 2. Sicherheitsgerichtete Sprachmittel

⟨try-cmd⟩ ::−	TRY ⟨try-block⟩ [⟨try-timeout⟩] [⟨try-catch⟩] END TRY;
⟨try-timeout⟩ ::=	AFTER ⟨time-clause⟩ TIMEOUT ⟨timeout-block⟩
⟨try-catch⟩ ::=	ON EXCEPTION CATCH; ⟨excep-case-lst⟩*
	DEFAULT ⟨case-block⟩ END CATCH;
⟨except-case-lst⟩ ::=	CASE ⟨signal⟩:⟨case-block⟩
⟨raise-cmd⟩ ::=	RAISE ⟨signal⟩
⟨lock-statement⟩ ::=	LOCK ⟨synchronisation-clause-list⟩ [NONPREEMPTIVELY]
	[⟨timeout-clause⟩] [⟨exectime-clause⟩]
	PERFORM ⟨statement-string⟩ UNLOCK;
⟨timeout-clause⟩ ::=	TIMEOUT {IN ⟨duration-expression⟩	AT⟨clock-expression⟩}
	OUTTIME ⟨statement-string⟩ FIN
⟨exectime-clause⟩ ::=	EXECTIMEBOUND ⟨duration-expression⟩
⟨synchronisation-clause⟩ ::=	EXCLUSIVE ⟨shared-object-expression-list⟩
		SHARED ⟨shared-object-expression-list⟩
⟨shared-object⟩ ::=	⟨shared-variable⟩	⟨dation⟩
⟨quit-statement⟩ ::=	QUIT;
⟨unlock-statement⟩ ::=	UNLOCK ⟨shared-object-expression-list⟩;
⟨due-clause⟩ ::=	DUE AFTER ⟨duration-expression⟩
⟨runtime-clause⟩ ::=	RUNTIME {⟨duration-expression⟩	SYSTEM}
⟨max-loop-clause⟩ ::=	MAXLOOP ⟨fixed-literal⟩ EXCEEDING ⟨statement-string⟩ FIN
⟨configuration-statement⟩ ::=	CONFIGURATION ⟨initial-part⟩
	[⟨reconfiguration-part-string⟩] ENDCONFIG;
⟨initial-part⟩ ::=	⟨load-clause-string⟩
⟨reconfiguration-part⟩ ::=	STATE ⟨Boolean-expression⟩
	⟨remove-clause-string⟩ ⟨load-clause-string⟩;
	ENDRECONF;
⟨load-clause⟩ ::=	LOAD ⟨task-identifier⟩ TO ⟨processor-identifier⟩;
⟨remove-clause⟩ ::=	REMOVE ⟨task-identifier⟩ FROM ⟨processor-identifier⟩;

Um hier Abhilfe zu schaffen und eingedenk der Tatsache, dass konstruktiver Ausschluss möglicher Fehler die wirksamste Maßnahme zur Erfüllung von Sicherheitsforderungen ist, werden auf der Basis obiger Analyse die in Tabelle 2 zusammengefassten sicherheitsgerichteten Sprachmittel eingeführt. Die in dieser und den weiteren Tabellen dargestellten formalen Definitionen verwenden eine Erweiterung der klassischen Backus-Naur-Form. Dabei stehen eckige Klammern [ ] für optionale syntaktische Ausdrücke und die Symbole * und + für mindestens 0- bzw. 1-malige Wiederholung des markierten Ausdrucks. Durch das Attribut READ in der Deklaration einer Schnittstellenvariablen wird sichergestellt, dass andere Module die vereinbarte Variable lesen, jedoch nicht schreiben dürfen. Variablen, Prozeduren und Typen sind in dieser Teilsprache lediglich Namen. Ausdrücke enthalten die üblichen logischen und arithmetischen Operatoren.

Die TRY-Anweisung dient zur strukturierten Behandlung von Ausnahmesituationen. Hierin steht ⟨case-block⟩ für alle Grundbefehle von PEARL wie Zuweisungen oder Schleifen. Tritt eine Ausnahmesituation durch Signalisierung mit dem RAISE-Befehl in einem TRY-Block auf, so wird der entsprechende CASE-

Zweig in der CATCH-Klausel ausgeführt. Schachtelung von TRY-Anweisungen ermöglicht strukturierte Ausnahmebehandlungen. Mittels der TIMEOUT-Klausel kann optional die Laufzeit von Ausnahmebehandlungen limitiert werden.

Zur Herstellung offensichtlicher und verifizierbarer Beziehungen zwischen von nebenläufigen Prozessen gemeinsam genutzer Betriebsmittel und zugehöriger Synchronisationselemente werden Semaphore und Bolts durch die LOCK-Anweisung mit einer Zeitüberwachungsklausel ersetzt. Dieses Konstrukt hält die es ausführende Task solange an, bis alle in ⟨synchronisation-clause-list⟩ aufgeführten Objekte verfügbar sind und arbeitet dann die Anweisungen der PERFORM-Klausel ab. Überschreitet die Wartezeit die in ⟨timeout-clause⟩ optional angegebene Wartezeit, so werden die Anweisungen der ⟨exectime-clause⟩ ausgeführt. Alle belegten Ressourcen werden spätestens beim Erreichen der UNLOCK-Anweisung automatisch freigegeben. Frühzeitigere Freigaben werden durch die ⟨unlock-statement⟩-Anweisung ermöglicht.

In harten Echtzeitumgebungen kann die Einhaltung strikter Antwortzeiten i.A. nicht durch statisch festgelegte Prioritätsschemata erreicht werden. Der Einsatz zeitgerechter Zuteilungsstrategien wird deshalb durch Frist- und Laufzeitspezifikationen mit den DUE AFTER- und RUNTIME-Attributen unterstützt.

Die Anzahl der Durchläufe einer Schleife hängt i.A. von zur Laufzeit berechneten Werten ab und lässt sich somit nicht vom Übersetzer bestimmen. Um die Laufzeit von Wiederholungs- oder Iterationsanweisungen abschätzen zu können, wird die Schleifensyntax durch die MAXLOOP-Klausel erweitert. Überschreitet die Wiederholungsanzahl die darin festgelegte Grenze, so werden die Schleifenausführung abgebrochen und die auf EXCEEDING folgenden Anweisungen ausgeführt. Danach geht der Kontrollfluss auf die erste Anweisung nach der Schleife über. Systemverklemmungen durch Endlosschleifen werden so verhindert.

Um die Funktionsfähigkeit verteilter Automatisierungssysteme bei Teilausfällen durch Migration betroffener Programme auf fehlerfrei arbeitende Komponenten sicherzustellen, wird zur dynamischen Rekonfiguration die Konfigurationsanweisung eingeführt. Die Prozessorzuordnung des ungestörten Betriebs ist durch die in ihrem Initialteil zusammengefassten ⟨load-clause-string⟩-Klauseln beschriebenen. Fehlerbedingungen werden durch logische Ausdrücke in optionalen Rekonfigurationsteilen gegeben und Entfernen bzw. Laden von Tasks von bzw. auf Prozessoren wird durch REMOVE- und LOAD-Klauseln festgelegt.

5   Teilsprache für SIL 2

Der volle Sprachumfang höherer Programmiersprachen ist nur selten erforderlich, um die in der Automatisierungstechnik benötigten Funktionalitäten formulieren zu können. Unter Beschränkung auf das Notwendige wird deshalb in Tabelle 3 eine inhärent sichere Teilsprache gemäß den Anforderungen nach SIL 2 definiert. Zugunsten von Verlässlichkeit verzichtet sie auf dynamische Konstrukte, die i.A. zu unvorhersehbaren Kapazitäts- und Zeitanforderungen führen, und begrenzt sie die Anzahl von Schleifendurchläufen. Die Korrektheit darin formulierter Programme lässt sich, ggf. werkzeugunterstützt, mit formalen Methoden beweisen.

Tabelle 3. Formale Syntax einer verifizierbaren Teilsprache

⟨module⟩ ::=	MODULE [(⟨name⟩)] [⟨mod-ext⟩]; [⟨intf-spec⟩]* [⟨decls⟩]+ MODEND;
⟨mod-ext⟩ ::=	EXTEND (⟨name⟩ [,⟨name⟩]+)
⟨intf-spec⟩ ::=	INTERFACE (⟨name⟩) ⟨intf-decl⟩* ;
⟨intf-decl⟩ ::=	⟨intf-var-decl⟩ | ⟨intf-proc-decl⟩
⟨intf-var-decl⟩ ::=	SPC ⟨name⟩ : ⟨type⟩ READ;
⟨intf-proc-decl⟩ ::=	SPC ⟨name⟩ : PROC ⟨lst-of-par⟩ ⟨return-type⟩;
⟨decls⟩ ::=	⟨var-decl⟩ | ⟨proc-decl⟩
⟨var-decl⟩ ::=	DCL ⟨name⟩ : ⟨type⟩;
⟨proc-decl⟩ ::=	⟨name⟩ : PROC ⟨lst-of-par⟩ ⟨return-type⟩; ⟨body⟩ END;
⟨lst-of-par⟩ ::=	(⟨par-decl⟩ [, ⟨par-decl⟩]*)
⟨par-decl⟩ ::=	⟨name⟩ : ⟨type⟩
⟨body⟩ ::=	[⟨var-decl⟩]+ [⟨stmt-seq⟩]
⟨stmt-seq⟩ ::=	[⟨stmt⟩;]*
⟨stmt⟩ ::=	(⟨stmt-seq⟩) | ⟨assign-stmt⟩ | ⟨cond-stmt⟩ | ⟨while-stmt⟩
⟨assign-stmt⟩ ::=	⟨variable⟩ := ⟨expr⟩
⟨cond-stmt⟩ ::=	IF ⟨Bool-expr⟩ THEN ⟨stmt-seq⟩ [ELSE ⟨stmt-seq⟩] FIN
⟨while-stmt⟩ ::=	WHILE ⟨Bool-expr⟩ REPEAT ⟨stmt-seq⟩ END

6   Teilsprache für SIL 3

Die in der internationalen Norm IEC 61131-3 [5] definierten graphischen Funktionspläne (FUP) bzw. -blockdiagramme (FBD) stellen ein Programmierparadigma dar, das sowohl zu leicht eingängigem und verifizierbarem Quell- als auch Objektcode führt. Mit ihrer langen Tradition in der Steuerungs- und Regelungstechnik ist graphische Programmierung in Form von Funktionsplänen in der Automatisierungstechnik bestens etabliert. Funktionspläne kennen nur vier verschiedene Strukturelemente:

1. Funktions- und Funktionsblockrahmen, d.h. rechteckige Symbole,
2. Datenflusslinien, d.h. Verbindungen,
3. Namen, d.h. Bezeichner, und
4. (externe) Anschlusspunkte.

Funktionen und Funktionsblöcke sind höhere, stark anwendungsbezogene und wiederverwendbare elementare Einheiten der Anwendungsprogrammierung in Form von Unterprogrammen mit beliebigen Datentypen als Ein- und Ausgabeparameter. Bei ihrer Ausführung liefert eine Funktion als Ergebnis genau ein, ggf. mehrwertiges Datenelement. Funktionen haben keine internen Zustände. Von Funktionsblöcken können mehrfache, benannte Instanzen, d.h. Kopien, kreiert werden. Jede Instanz hat einen assoziierten Bezeichner und eine Datenstruktur, die ihre Ausgabe- und internen Variablen sowie möglicherweise auch ihre Eingabevariablen enthält. In einer solchen Datenstruktur bleiben alle Werte der Ausgabe- und der internen Variablen von einer Ausführung einer Funktionsblockinstanz bis zur nächsten erhalten. Daher liefert der Aufruf eines Funktionsblocks mit gleichen Argumenten nicht notwendigerweise die gleichen Ausgabewerte. Dies ist notwendig, um Rückkopplungs- und internes Speicherverhalten ausdrücken zu können. Nur die Ein- und Ausgabevariablen sind außerhalb einer Funktionsblockinstanz zugänglich, d.h. die internen Variablen eines Funktionsblockes bleiben nach außen hin verborgen und sind so strikt geschützt. Die Verbindungslinien in einem Funktionsplan stellen einen Datenfluss dar. Zur textuellen Umsetzung des Funktionsplanparadigmas ist die in Tabelle 3 oberhalb des Trennstrichs definierte Teilsprache hinreichend. Programme in Form von Funktionsplänen werden sehr einfach in zwei Schritten entwickelt:

1. *einmalige* Erstellung einer Funktions(block)bibliothek und
2. *anwendungsspezifische* Verknüpfung von Funktion(sblockinstanz)en.

Gemäß diesem Entwicklungsverfahren werden als Funktionspläne konstruierte Programme auch in zwei Stufen verifiziert:

1. Vor der Freigabe einer Bibliothek werden im Rahmen einer Typprüfung alle darin enthaltenen Funktionen und Funktionsblöcke mit jeweils geeigneten Methoden verifiziert. Eine solche recht teure sicherheitstechnische Abnahme braucht für ein bestimmtes Anwendungsgebiet nach Identifizierung einer geeigneten Funktions(block)menge nur einmal durchgeführt zu werden. Die durch Sicherheitsanforderungen gerechtfertigten Abnahmekosten können somit auf viele Implementierungen umgelegt werden. Normalerweise reichen recht wenige Bibliothekselemente zur Formulierung aller Programme in einem bestimmten Bereich der Automatisierungstechnik aus.
2. Für jedes gegebene Anwendungsprogramm muss dann nur noch die korrekte Implementierung des entsprechenden Zusammenschaltungsmusters aufgerufener Funktionen und Funktionsblockinstanzen, d.h. ein bestimmter Datenfluss, verifiziert werden. Dazu lässt sich auf der Verknüpfungsebene aus bereits verifizierten Funktion(sblöck)en zusammengesetzter Programme, die die Qualität und das Niveau anwendungsgerichteter Spezifikationen haben, das in [6] eingeführte allgemeinverständliche Verfahren der diversitären Rückwärtsanalyse verwenden, das von Automatisierungsingenieuren und TÜV-Prüfern leicht und wirtschaftlich eingesetzt werden kann. Um Funktionspläne abbildenden Objektcode so einfach wie möglich zu gestalten, lässt sich dieses Paradigma auch durch eine in Software, Firmware oder auch direkt in Hardware implementierbare Architektur unterstützen [2].

Steuerungen von Prozessen werden häufig als Abfolgen von Schritten festgelegt, die nacheinander oder – manchmal – nebenläufig ausgeführt werden sollen. Um solche Ablaufsteuerungen zu beschreiben, definiert die internationale Norm IEC 61131-3 [5] die unter Programmiersprachen einzigartige Ablaufplansprache (AS, SFC). Sie dient zur Partitionierung von Programmorganisationseinheiten in durch gerichtete Kanten verbundene Schritte und Transitionen. Mit jedem Schritt ist eine Menge von Aktionen und mit jeder Transition eine Übergangsbedingung assoziiert. Für Sicherheitssteuerungen ist die Ablaufplansprache jedoch ungeeignet, da ihre Syntax die Programmierung von Systemverklemmungen und Verstöße gegen eine Reihe von Sicherheitsregeln zulässt.

Tabelle 4. Sprachelemente zur Formulierung sequentieller Ablaufpläne

$\langle sfc::\rangle-$	SEQUENCE $\langle sfc\ body\rangle$ ENDSEQ;
$\langle sfc\text{-}body::\rangle=$	$\langle step\rangle\ [(\langle transition\rangle\ |\ \langle alternatives\rangle)\ \langle sfc\text{-}body\rangle]$
$\langle step\rangle::=$	STEP $[\langle fbd\rangle]$ ENDSTEP;
$\langle transition\rangle::=$	TRANSITION $\langle Boolean\text{-}expr\rangle$;
$\langle alternatives\rangle::=$	SELECT [BRANCH $\langle transition\rangle\ \langle sfc\text{-}body\rangle\ \langle transition\rangle]+$ ENDSCT;

Diese Mängel werden durch die in Tabelle 4 definierten Sprachkonstrukte behoben. Sie kapseln Ablaufpläne in ihrer Gesamtheit mittels syntaktischer Klammern und machen deren Strukturen durch Schachtelung und explizite Ablaufalternativen deutlich. Aktionen werden in Form von Funktionsplänen unmittelbar in den Schrittrümpfen aufgeführt und so mit ihnen assoziiert, womit sich die Qualifizierung von Aktionen erübrigt. Zur Vermeidung inkonsistenten Verhaltens wird syntaktisch erzwungen, dass Ablaufsteuerungen immer mit einem Schritt enden. Aus Sicherheitsgründen wird auf Parallelverzweigungen, d.h. Nebenläufigkeit, und die Möglichkeit bewusst verzichtet, Ablaufzyklen zu programmieren, denn die Semantik von Ablaufplänen sieht ohnehin die zyklische Ausführung der einzelnen Schritte vor. Sequentielle Ablaufsteuerungen werden in ihrer Gesamtheit jedoch häufig wiederholt bearbeitet. Dies lässt sich einfach durch Einbettung eines Ablaufplans in eine Schleifenkonstruktion erreichen.

7   Teilsprache für SIL 4

Ein für die höchste Sicherheitsstufe SIL 4 geeignetes Programmierparadigma ist in der Konstruktion von Schutzsystemen bereits lange und gut eingeführt. Damit erstellte Software ist – trotz exakter und unzweideutiger Darstellungsweise – so einfach, anschaulich und allgemeinverständlich, dass sie der Verifikation durch breitestmöglichen sozialen Konsens unmittelbar zugänglich ist. Software für Schutzsysteme wird in Form von Entscheidungstabellen dargestellt. Ihre Zeilen sind mit Ereignissen assoziiert, deren Auftreten logische Vorbedingungen bewirken. Durch Markierung von Kästchen in einer bestimmten, mit einer Aktion assoziierten Spalte solch einer Tabelle werden Vorbedingungen ausgewählt, die alle gemeinsam erfüllt sein müssen, um die Ausführung der Aktion anzustoßen. Eine mit PEARL kompatible Syntax zur textuellen Darstellung solcher Ursache-/Wirkungstabellen ist in Tabelle 5 zu finden [3].

Ihr Inhalt ist nicht im Sinne auf einem von Neumann-Rechner ausführbarer Programme, sondern als Parametrisierung zu verstehen, mit der eine Vielzwecksteuerung konfiguriert wird, um eine spezifische Funktionalität auszuführen. Da Spezifikationen in einer allgemeinverständlichen, aber dennoch formalen Art formuliert und durch (sozialen) Konsens leicht geprüft und verifiziert sowie spezifizierte Operationen ohne komplizierte Transformationen und somit ohne Verifikation korrekter Implementierung von Maschinen direkt interpretiert und ausgeführt werden können, sind Ursache-/Wirkungstabellen die ideale Form, höchsten Sicherheitsanforderungen genügende Steuerungen zu programmieren.

Tabelle 5. Sprachelemente zur Formulierung von Ursache-/Wirkungstabellen

$\langle CET\rangle ::=$	CETABLE [$\langle BezeichnerUWT\rangle$] [$\langle MaximaleLaufzeit\rangle$]
	[$\langle VereinbarungSIL\rangle$] " ; " [[$\langle StatementSequenzUWT\rangle$]
	[$\langle Programmbloecke\rangle$]]* END
	[$\langle BezeichnerUWT\rangle$ | " (" $\langle BezeichnerUWT\rangle$ ") "]" ; "
$\langle CauseEffect\rangle ::=$	SETEFFECT { " (" $\langle Funktionsprozedurangabe\rangle$ ") " " |
	$\langle Funktionsprozedurangabe\rangle$} TO $\langle Cause\rangle$ FIN " ; "
$\langle Cause\rangle ::=$	CAUSE " (" $\langle Cond\rangle$ ") " " ; " [OR CAUSE " (" $\langle Cond\rangle$ ") " " ; "]*
$\langle Cond\rangle ::=$	$\langle BoolSglExprCause\rangle$ [AND $\langle BoolSglExprCause\rangle$]*
$\langle BoolSglExprCause\rangle ::=$	[NOT] $\langle Op1\rangle$[{EQ | " ==" }$\langle Op2\rangle$]

8   Resümee

Mit dem vorgestellten PEARL-Derivat und seinen geschachtelten, spezifischen Teilmengen für die vier Sicherheitsintegritätsniveaus nach IEC 61508 wurde eine Echtzeitprogrammiersprache geschaffen, die sämtliche bekannten Sprachmittel zur Förderung funktionaler Sicherheit in sich vereinigt und sich an der *menschlichen Verständnisfähigkeit* orientiert. Betrachtet als sozialer Prozess zur Erreichung eines Konsenses, wird Programmverifikation durch Merkmale wie Zusammensetzung und Wiederverwendung zugelassener Komponenten, Programmierung auf der Spezifikationsebene durch Ausfüllen von Entscheidungstabellen und allgemein durch das Bemühen erleichtert, in allen Aspekten äußerste Einfachheit zu erreichen. Die Technischen Überwachungsvereine können in der Sprache geschriebene Software mit größerer Vertrauenswürdigkeit und vertretbarem Aufwand prüfen. Anwendung der Sprache zur Entwicklung eingebetteter Systeme verspricht sowohl das Risiko für Menschenleben, Umwelt und Anlagen als auch die Wartungskosten zu senken, weil durch die inhärent sicheren Sprachkonstrukte von vornherein weniger Fehler gemacht werden.

Literaturverzeichnis

1. DIN 66 253-2: *Programmiersprache PEARL 90*. Berlin-Köln: Beuth Verlag, 1998.
2. W.A. Halang und M. Śnieżek: Digitale Datenverarbeitungsanlage für sicherheitsgerichtete Automatisierungsaufgaben zur Ausführung als Funktions- und Ablaufpläne dargestellter Programme, Deutsches Patent Nr. 19841194, 1998.
3. J. Hillebrand: Eine sicherheitsgerichtete Echtzeitprogrammiersprache für die Sicherheitsstufe SIL 3 gemäß DIN EN 61508. In *Industrie 4.0 und Echtzeit – Echtzeit 2014*, W.A. Halang und H. Unger (Hrsg.), Reihe „Informatik aktuell", pp. 21–30, Berlin-Heidelberg: Springer-Verlag 2014.
4. IEC 61508: *Funktionale Sicherheit – Sicherheitssysteme. Teil 1: Allgemeine Anforderungen*. Genf: Internationale Elektrotechnische Kommission, 1995.
5. IEC 61131-3: *Programmable Controllers, Part 3: Programming Languages*. Genf: Internationale Elektrotechnische Kommission, 1992.
6. H. Krebs und U. Haspel: Ein Verfahren zur Software-Verifikation. *Regelungstechnische Praxis rtp* 26, 73 – 78, 1984.

Kontrollverfahren für mobile Echtzeitkommunikation

Sven Biermann

Fakultät für Mathematik und Informatik
FernUniversität in Hagen, 58084 Hagen
kn.wissenschaftler@fernuni-hagen.de

Zusammenfassung. In diesem Beitrag wird die Entwicklung der transparenten Kommunikationsschicht SmartConnect vorgestellt, die eine Lösung für die dynamische Kommunikation zwischen Android-basierten Geräten im Hausautomatisierungsumfeld darstellt und durch eine dynamische Protokollumschaltung einen Mehrwert hinsichtlich Sicherheit und Effizienz bei der Kommunikation schaffen soll. Dabei wird neben dem Hintergrund der Adhoc-Vernetzung auch auf die Experimente eingegangen, die mit einer Referenzimplementierung von SmartConnect durchgeführt wurden.

1 Einleitung

Im Umfeld der Hausautomatisierungstechnik ist in den letzten Jahren ein starker Trend zu vernetzten Geräten zu beobachten. Dabei lassen sich sowohl Haushaltsgroßgeräte wie z.B. Kühlschrank oder Herd als auch Sicherheitstechnik wie Schlösser, Rollläden oder Rauchmelder mit mobilen, so genannten „Smart Devices" wie Smartphones oder Tablets vernetzen. Durch das sogenannte Pervasive Computing [1], für das das „Internet der Dinge" symbolhaft steht, entsteht der Bedarf an immer vielfältigeren und größeren Datenübertragungen zwischen Geräten, die zudem zuverlässig und lückenlos funktionieren müssen. Große Veranstaltungen, wie Konzerte oder Demonstrationen sowie Kriege und Krisen, führen zu Engpässen in den großen Mobilfunknetzwerken. Dabei können neue Vernetzungsparadigmen wie Ad-Hoc-Netzwerke, Protokolle mit Bluetooth und WiFi zur direkten Kommunikation zwischen Menschen eingesetzt werden. So können Benutzer Soziale Netzwerke wie z.B. Twitter weiter pflegen und auch Dateien und Bilder austauschen. Das Prinzip lässt sich sehr gut in einen modernen Haushalt übertragen. Dort ermöglicht es Smart Devices, alle verfügbaren Kommunikationsprotokolle miteinander zu vernetzen. Nun wäre es ideal, wenn über ein Protokoll alle diese Geräte miteinander verbunden werden könnten – ohne ein Angriffsziel für Hacker darzustellen – und wenn Ressourcen wie Energie und verfügbare Bandbreite, effizient nutzbar sein könnten.

2 Problemstellung

Das Ziel der wissenschaftlichen Ausarbeitung [1] stellt eine Lösung für den Heimautomatisierungsbereich dar, bei dem eine Vernetzung auf begrenztem Raum unter der Verwendung der Ad-Hoc Kommunikationsprotokolle WifiDirect und Bluetooth umgesetzt wird. Diese Lösung setzt dabei auf ein dynamisches Umschalten der Kommunikation zwischen den Protokollen, um einen Mehrwert hinsichtlich Sicherheit in der Kommunikation zu bieten. Dabei sollen Man-In-The-Middle Attacken durch die Benutzung mehrerer Kanäle erschwert werden. Darüber hinaus kann die Protokollumschaltung zur Effizienz und Flexibilität in der Ad-Hoc Kommunikation beitragen und kontextsensitive Aspekte wie die Schonung der Batteriekapazität oder der Optimierung der Bandbreite auf einem Kanal umsetzen.

Die Anwendung eines Kommunikationsmanagements im häuslichen Umfeld bringt technische Grundprobleme mit sich, die im System- und Softwareentwurf der Applikation betrachtet und gelöst werden müssen. Eine davon ist die Schaffung einer flexiblen Kommunikationslandschaft. Um eine geordnete Kommunikation zwischen mehreren Android-Geräten im Haushalt zu ermöglichen, ist zu gewährleisten, dass alle Geräte auf verschiedene Kommunikationskanäle zugreifen können. Dazu gehören heute WiFi, Mobilfunk und Bluetooth als verbreitete und etablierte Standards. Außerdem sollen die Geräte die Möglichkeit haben, eigene Netzwerke aufzubauen, um so weitere Geräte mit Daten oder Diensten zu versorgen, wie z. B. Internetdaten.

Darüber hinaus soll jedes Gerät eine Kommunikationsmatrix mit den in der Umgebung befindlichen Geräten und deren aktuellen Funktion (Hotspot, Gateway, Client) halten und aktualisieren. Zusammen mit der Fähigkeit eines Gerätes zwischen den Funktionen zu wechseln, dient dies als Grundlage zur Bildung einer geeigneten Kommunikationshierarchie, um alle vernetzten Geräte effizient zu verbinden. Relevant ist dabei die Definition von Kennwerten, anhand derer eine Entscheidung für einen Kommunikationskanal getroffen werden kann. Hier bieten sich heute Datendurchsatz und Übertragungskosten sowie Verfügbarkeit als Messwerte an, an denen sich das Konzept messen lassen muss. Ein weiteres Grundproblem ist der Entwurf einer geeigneten Routingstrategie und eines Protokolls für die Kanalumschaltung. Damit das Kommunikationsmanagement die Kennwerte korrekt umsetzen kann, sind eine Routingstrategie und ein Protokoll zu entwerfen, das die Kanalumschaltung zwischen den Endgeräten kontrolliert und Fehlverhalten minimiert.

Abschließend ist die Schaffung einer sicheren Kommunikationsumgebung als Problem zu nennen. Security ist heute in aller Munde und selbst in etablierten Standards wie z.B. SSL-Verschlüsselung werden noch Schwachstellen gefunden [2]. In dieser Arbeit galt es zu prüfen, inwiefern eine dynamische Umschaltung von Kommunikationskanälen ihren Beitrag zu einer sicheren Datenübertragung liefern kann.

3   Stand der Technik

Heterogene bzw. andersartige oder vielschichtige Netzwerke stellen in der Informationstechnik einen Standard dar, bei dem Geräte über unterschiedliche Schichten des OSI-Referenz-Modells miteinander kommunizieren können. Dabei gibt es verschiedene Typen und Begrifflichkeiten, die ein solches Netz beschreiben: die Ad-Hoc-Verbindungen, Peer-To-Peer-Verbindungen und Mesh-Networks. Im Rahmen der wissenschaftlichen Arbeit [1] wird auf der Interpretation der Ad-Hoc Netze aufgesetzt, da sie für die Anwendung einer transparenten Kommunikationsschicht geeignet erscheinen und die verteilte Bereitstellung großer Datenmengen nach dem Gedanken eines Peer-To-Peer Netzes nicht im Fokus einer Heimautomatisierung steht. Dabei können Kommunikationspartner eine direkte Kommunikation ohne eine Netzinfrastruktur, wie Router oder Switches, durchführen. Der größte Mehrwert eines Ad-Hoc Netzwerks für mobile Geräte wird neben der Diversität zum Mobilfunknetz durch eine geeignete Routingstrategie geschaffen. So wurden in den letzten Jahren kontextlose Algorithmen wie AODV und OLSR entwickelt, die Geräte nach verschiedenen Prämissen, wie kurze Pfade oder Bandbreitennutzung, miteinander koppeln. Bei Ad-Hoc Netzwerken kann dazu zunächst zwischen kontextlosen und kontext-sensitiven Routingprotokollen unterschieden werden. Kontextlose Verfahren setzen dabei auf eine Identifikation von Kommunikationspartnern über eine klassische Adressierung, wie z. B. die IP- oder MAC-Adresse eines Netzwerkinterfaces. Zwei verbreitete Protokolle in diesem Umfeld sind das Optimized Link-State Routing Protocol (OLSR) und das Ad-Hoc On-demand Distance Vector (AODV) Protokoll.

Das OLSR Protokoll optimiert den Link-State Algorithmus hinsichtlich der Begrenzung der erzeugten Netzlast durch Flodding, indem es über die Teilnehmer im Netz sogenannte Multipoint Relays (MPR) wählen lässt. Bei OLSR erfassen alle Knoten ihre Nachbarknoten mittels des HELLO-Protokolls. Gewählte MPR's vernetzen sich über Topology-Controll (TC) Frames, die eine Multipoint Selector Table mit den Knoten ihrer Wähler beinhaltet. Somit weiß jeder MPR welche Knoten der jeweils andere betreut. Gemäß der Metrik erfolgt die Auswahl der Route anhand der kürzesten Kantenlänge. AODV arbeitet im Gegensatz zu OSLR reaktiv. Das bedeutet, es bestimmt eine Route zum Ziel erst unmittelbar vor dem Übertragungswunsch und vermeidet dabei eine hohe Netzlast durch zyklisch übertragene Steuerbotschaften. Ähnlich zu OLSR bestimmen die Knoten im Netz zunächst ihre Nachbarn über ECHO-Pakete des HELLO-Protokolls. Anschließend werden vom Initiator der Verbindung Route-Request Pakete (RREQ) an die Nachbarknoten versendet, die unter anderem den Quell- und Zielknoten der Verbindung beinhalten. Knoten, die diesen Knoten anhand ihrer Routing-Tabellen kennen, antworten auf diesen Request mit einer Route-Reply Botschaft (RREP). Somit bekommt der Initiator die Information an welchen Knoten er seine Nutzdaten versenden muss, damit sie zum Ziel gelangen. Knoten auf der Route können über die RREQ und RREP Botschaften ihre Routingtabellen befüllen. Im Fehlerfall werden Route Error Messages (RRER) versendet, die das Ausscheiden eines Knotens aus dem Netz oder eine Unterbrechung der Verbindung signalisieren. Jedoch lassen sich die eben vorgestellten Verfahren nicht für alle Anwendungen einsetzen. Bei drahtlosen Sensornetzwerken müssen die Teilnehmer ihre Daten an oft unbekannte Teilnehmer weitersenden können, ohne dass sie das Ziel der Daten im Vorfeld kennen. Diese Gegebenheit lässt sich auf das aktuell aufkommende Internet der Dinge beziehen, wodurch neben einer Zieladresse andere Formen der Datenidentifikation eingesetzt werden müssen. Ein Protokoll, das dieses ermöglicht, ist das proaktive Collection Tree Protokoll der Universität Stanford [1, 3–6, 9].

Kontextsensitive Verfahren bieten gegenüber den kontextlosen Verfahren den Vorteil, dass sie ihre Umgebung miteinbeziehen. Dabei fluten sie oftmals das Netz mit Daten, wie das Epidemic Protokoll in der Arbeit [1] zeigt. Über Summenvektoren können die Teilnehmer im Netz erkennen, welche Datenpakete ihnen noch fehlen; diese können dann gezielt angeboten werden. Das Protokoll Context-aware Adapting Routing in Delay Tolerant Mobile Sensor Networks (SCAR) bietet hierbei eine Optimierung, da das Flodding-Prinzip ohne Einschränkung hohe Speicheranforderungen an die Teilnehmer stellt. Über eine Metrik können Teilnehmer im Vorfeld bestimmt werden, die mit Daten versorgt werden sollen. Die Auswahlbedingung kann dabei z.B. die Batteriekapazität oder die Geschwindigkeit der Datenübertragung sein. Dadurch werden zum einen der Speicherbedarf eines Teilnehmers und zum anderen die Last an Steuerungsdaten im Netz gesenkt. Da erfolgreich übermittelte Daten erst in den Teilnehmern, die als Gateway fungieren, gelöscht werden dürfen, ist es so möglich, eine gesicherte Übertragung über flexible Routen zu erreichen. Das Routing nach sozialen Aspekten bietet einen weiteren Ansatz, Geräte kontextsensitiv zu vernetzen. Dabei arbeitet dieses Verfahren mit Häufungen von Kommunikationsbedarfen in einem Graphen, also über die Menge von Knoten, die über Kanten verbunden sind. Andere Methoden sehen eine sukzessive Teilung des Gesamtgraphen in kleinere Communities vor, deren Knoten eine hohe Vernetzung aufweisen [7–9].

Die beschriebenen Ad-Hoc Kommunikationsverfahren werden heute bereits in einigen Anwendungen kommerziell angewendet. Dabei setzen sie auf das Ziel, eine Alternative zu verbreiteten Übertragungsmedien wie Mobilfunk oder WLAN zu sein und damit in entlegenen Gebieten oder Krisengebieten sowie bei großen Menschenansammlungen ihren Einsatz zu finden. SPAN und The Serval Mesh sind dabei Open Source Projekte, die dieses Ziel verfolgen, jedoch nur für einzelne Android-Mobilgeräte geeignet sind, da sie Änderungen an dem Betriebssystemkern vorsehen. Beide Verfahren setzen auf OLSR als Routingverfahren, die jeweils in unterschiedlichen Implementierungen realisiert wurden. Hinsichtlich mobiler Sensornetzwerke gibt es mit ZigBee ein etabliertes Protokoll auf dem Markt. Jedoch setzt das Protokoll auf eine spezielle physikalische Schicht und eine Sicherungsschicht, die einen speziellen Funkchip benötigen und somit nur in speziell ausgewählten Hardwaren zum Einsatz kommen kann. ZigBee wird heute z. B. bei der NASA oder zur Vernetzung von Solarmodulen kommerziell verwendet [1, 10].

4   Konzept der transparenten Kommunikationsschicht anhand eines hybriden Routingverfahrens

Aus dem Stand der Technik lässt sich ableiten, dass die aktuell verfügbaren Anwendungen für eine flexible Vernetzung von Android-Endgeräten nicht geeignet sind. Somit beschreibt die wissenschaftliche Ausarbeitung eine Methode, mit der dieses Ziel erreicht werden kann. Dabei sollen angebotene Funktionen flexibel von den Geräten genutzt werden können, wozu Gateways dynamisch ausgewählt werden müssen. Für das Routing der Daten im Haus stellen sich somit eine Reihe von Anforderungen, die durch eine Kombination der vorgestellten Routingverfahren umgesetzt werden können. Dabei soll nachfolgend auf das AODV Verfahren gesetzt werden. Dieses wird um kontextsensitive Methoden wie Dienste und Metriken (z. B. die Berücksichtigung der Batteriespannung und Informationen über Teilnetze aus den sozialen Netzen) erweitert. Dadurch soll es möglich sein, verschiedene Geräte, z. B. in verschiedenen Räumen eines Gebäudes, zu identifizieren und zu vernetzen. Da bei der Heimautomatisierung eher geringere Datenmengen bei der Kommunikation anfallen, ist hier eine verbindungsorientierte Vernetzung der Geräte zu wählen, um Regelungsinformationen sicher übertragen zu können.

Das Konzept zur mobilen Kommunikation in der Arbeit [1] sieht die Vernetzung verschiedener Android-basierten Smart Devices mit den Funkkanälen WifiDirect und Bluetooth vor, die auf allen Androidgeräten ab der Version 4.1.1 angewendet werden kann. Die Machbarkeit des Konzeptes wurde mit einer Referenzimplementierung der transparenten Kommunikationsschicht und einer Beispielanwendung verifiziert. Ein zentrales Element des Konzeptes stellt die WifiDirect Service Discovery dar. Sie ersetzt die Botschaften RREQ und RREP sowie das HELLO Protokoll, die in AODV verwendet werden. Zudem realisiert es den kontextsensitiven Ansatz, da zur Definition einer Funktion im Netz ein Servicename und ein Servicetyp verwendet werden und alle Geräte diesen Service suchen können, sofern sie diesen selbst unterstützen. Von der Erstellung eines separaten Service Discovery Mechanismus für Bluetooth wurde abgesehen, da WifiDirect durch die große Verbreitung in Smartphones und die größere Reichweite als geeigneter angesehen wurde. Wird ein Dienst über die Service Discovery verbreitet, kann sich ein empfangendes Gerät mit dem anbietenden Gerät über die mitgesendete Adressinformation verbinden. Über eine eindeutige Zuordnung des WifiDirect-Kanals zu dem Bluetooth-Kanal in einem Gerät mithilfe des Gerätenamens kann für Bluetooth eine separate Gerätesuche durchgeführt und nachfolgend der Bluetooth-Kanal einem WifiDirect Service zugeordnet werden. Mit nur einem Funkchip ermöglichen WifiDirect und Bluetooth jedoch nur ein Gerät sternförmig mit anderen Geräten zu vernetzen. Bluetooth bietet hier die Obergrenze von 8 Geräten. Somit ist im Rahmen der wissenschaftlichen Ausarbeitung ein Routing über mehrere Gatewayknoten hinweg nicht möglich gewesen, da mehrere Funkchips in den Geräten erforderlich gewesen wären [1].

Weiterhin sieht das Konzept die Wahl eines Group Leaders vor, der eine Verbindung zu anderen Knoten im Netz erstellen kann. Dazu ist es notwendig, dass alle Knoten, die eine Gateway-Funktion einnehmen können, ihre Group Leader Priorität im Netz bekannt geben und daraufhin eine kollektive Entscheidung erwirkt werden kann. Android bietet die Möglichkeit, einen GroupOwnerIntent zu setzen, worauf das Gerät mit dem höchsten Wert der Group Owner wird. Dies ist ausreichend, da wie zuvor beschrieben, lediglich ein Gateway im Netzwerk möglich ist. Der Wert wird dann beim Anlegen einer Gruppe, also beim Aufbau der Verbindung zwischen den ersten beiden Geräten einer Gruppe, ausgetauscht und verglichen.

Über eine Dienstekaskade werden nun alle Dienste im Netz verbreitet. Ein Gerät, das den Dienst eines anderen Gerätes empfangen hat, verbreitet diesen mit seinem angefügten Namen im Servicename im Netz weiter. Ein Dienstname enthält somit alle Gerätenamen, die auf einer Route liegen und ermöglicht es allen Geräten, die Geräteadressen zu bestimmen. Folglich können bei der Service Discovery parallel die Routingtabellen befüllt werden, da bei der Erkennung eines Dienstes gleich die Adressen der beteiligten Geräte aufgelöst werden können.

Das Routing erfolgt mit Hilfe der Serviceinformationen (Servicename, Service ID und Servicetyp), über die Gerätenamen (Quellgerät, nächstes Gerät auf der Route und Zielgerät) sowie mit Hilfe der Entfernung zum Ziel (lokaler Teilstreckenzähler und Gesamtentfernung zum Ziel). Eine Dienstpriorität wird vom Verfahren vorgesehen, jedoch in der Referenzimplementierung nicht verwendet. Die Routen werden bei der Service Discovery oder bei Bedarf angelegt und aktualisiert. Gelöscht werden die Routen, wenn ein Gerät eine Error Nachricht versendet und damit aus dem Netz ausscheidet oder durch einen Timeout, der nach 30 Minuten eine Route entfernt. Die reaktive Eigenschaft erhält das Konzept durch die Verwendung der Applikation. Eine App wird meistens bei Bedarf gestartet, worauf dann unmittelbar die Service Discovery erfolgt. Wird keine Verbindung aufgebaut, so werden die Routen durch eine Service Discovery alle 3 Minuten aktualisiert. Damit werden auch neue Dienste und damit neue Geräte schnell erkannt. Routingschleifen werden durch die Service Discovery ebenfalls vermieden, da durch eine Prüfung nur Dienste weiterverbreitet werden, die nicht durch den empfangenden Knoten bereits angeboten wurden. Dies verbessert die Eindeutigkeit der Routen im Netz.

Zur Realisierung einer Verbindungssteuerung wurde mit dem SmartConnect-Protocol (ein Protokoll nach dem Vorbild des CAN-Bussytems) definiert [1], das zum einen den Verbindungsauf- und -abbau der Kommunikationskanäle und zum anderen das Starten der Zielapplikationen steuert.

Die Kanalumschaltung als Sicherheitsmechanismus baut auf den bestehenden Mechansimen von WifiDirect und Bluetooth auf und kann von der Zielapplikation gesteuert werden. Ziel dabei ist es, Man-In-The-Middle [1] Angriffe zu verhindern, da bezogen auf die Heimautomatisierung z.B. über WLAN ein Einbruch in das Heimnetz interessant sein kann, um z.B. Rollläden oder Türen elektronisch öffnen zu können. Die Referenzapplikation wechselt dabei den Kanal nach jedem übertragenen Datenpaket. Für die Übertragung von größeren Datenmengen ist es jedoch sinnvoll, den Kanal nach z.B. 5 kB zu wechseln, da sich z.B. Bilddaten auf diese Weise nicht mehr sinnvoll durch einen Angreifer rekonstruieren lassen.

Die Referenzimplementierung des Konzeptes besteht aus der Umsetzung des Kommunikationsstapels in Form einer transparenten Kommunikationsschicht und aus einer Beispielapplikation, eines Chatprogramms. Die transparente Kommunikationsschicht orientiert sich dabei an den Schichten des ISO OSI-Referenzmodells, wie in Abb. 1 dargestellt. Die Schichten 1 bis 4 werden durch Kommunikationskanäle gekappselt, die unter anderem den Zugriff auf das Funkmedium und die verbindungsorientierte Verbindung steuern. Nutz- und Steuerdaten des Smart-Connect Protokolls werden dabei in einem SmartConnectPackage Paketformat übertragen, das die Daten unter anderem um die Adressierung, dem Pakettyp, einer Pakete ID und die Entfernungsinformationen anreichert. Damit ist das Routing der Pakete im Netz möglich.

Die einzelnen Kommunikationskanäle werden wiederum durch die Channel-managementschicht von der Routingfunktion und der Zielapplikation abstra-hiert. Sie puffert empfangene und gesendete SmartConnectPackages und reicht diese über Events an die Nachbarschichten weiter. Die Pufferung der Pakete er-möglicht somit eine Entkopplung der Schichten und eine Robustheit gegenüber zeitlichen Verzögerungen in den Schichten.

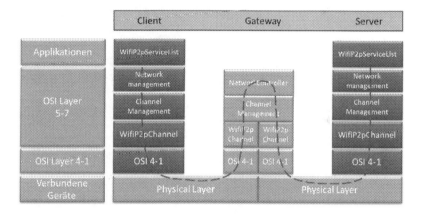

Abb. 1. Überblick über den Datenfluss bei einer Kommunikation über ein Smart-Connect Gateway

Über der Channelmanagementschicht ist die Networkmanagementschicht an-gesiedelt, die die eingehenden Events auswertet und die Datenpakete entweder routet oder sie an die Zielapplikation weiter gibt. Dabei hat sie Zugriff auf die Routingtabellen und kann die benötigte Header-Information für ein zu routendes Paket bereitstellen. Darüber hinaus verwaltet sie den Start der Zielapplikatio-nen und übergibt ihnen die benötigten Instanzen der Kommunikationskanäle. Im Fall eines Kommunikationsabbruchs steuert die Schicht den kontrollierten Ver-bindungsabbau und das Beenden der Zielapplikation. Zu Überwachungszwecken bietet die Referenzapplikation eine grafische Oberfläche für das Gateway, auf der der Transfer von Steuerungs- und Nutzdaten mitverfolgt werden kann. Für empfangene Dienste stellt die transparente Kommunikationsschicht eine weite-re grafische Oberfläche bercit, auf der dem Benutzer die Dienste zur Auswahl gestellt werden und über Statusmeldungen ein möglicher Verbindungsaufbau an-gezeigt wird. Die Chatapplikation ermöglicht es, Text- und Bildnachrichten zu versenden und die Kommunikation mitzuverfolgen. Gesendete Botschaften wer-den über eine Empfangsquittierung bestätigt.

Mit der Referenzimplementierung ließen sich jedoch nicht alle Aspekte des Konzeptes umsetzen. So war es nicht möglich, Tethering in der transparenten Kommunikationsschicht zu verankern, da Android entweder WLAN oder WifiDirect Kommunikation in einem Chip unterstützt. Somit kann ein Gateway nicht als Internet Accesspoint für andere Geräte dienen. Dabei werden, wie auch für größere Netzwerke, zwei Wifi-Chips in einem Gerät benötigt oder es muss auf andere Verfahren wie z. B. Time-sharing der Daten auf mehrere Wifi-Kanäle gesetzt werden [1]. Zur Identifikation von Geräten im Netz musste der Gerätename verwendet werden, da es die Implementierung der WifiDirect Service Discovery in Android nicht ermöglicht, mehr als drei Datenelemente einem TxtRecord mitzugeben. Auch die Registrierung von Diensten war nur verzögert möglich. So war es nicht möglich, in einer Service Discovery Periode Dienste zu empfangen und gleichzeitig weiter zu verbreiten. Eine parallele Suche nach WifiDirect Diensten und Bluetooth Geräten ließ sich ebenfalls nicht realisieren; somit musste dies sequenziell umgesetzt werden. Darüber hinaus war es hinsichtlich Security bei Bluetooth nicht möglich, eine gesicherte Verbindung zu anderen über Bluetooth Device Discovery gefundenen Geräten zu realisieren.

5   Experimente und Ergebnisse

Im Rahmen der Masterthesis wurden mit der Referenzimplementierung einige Experimente durchgeführt, um deren Funktionsweise zu untersuchen.

Dabei wurde in Experiment 1 die Kommunikationsumschaltung in Abhängigkeit des räumlichen Abstands zum Ziel thematisiert. Dabei resultierte ein Maximalabstand von bis zu 10 m zwischen den Endgeräten. Darüber hinaus ließen sich die Geräte nicht über beide Kanäle verbinden. Starke Einschränkungen stellten auch bauliche Gegebenheiten wie Wände oder Decken dar. Durch 2 Wände hindurch ließen sich die Geräte nur in einer Entfernung von bis zu 5 m miteinander verbinden. Bei der Analyse der Round-Trip-Time (RTT) zwischen 20 gesendeten Datenpaketen zeigte sich in mehreren Messreihen das Verhalten, dass die RTT auf der größeren Entfernung von 10 m kleiner ausfällt als auf der kleineren Entfernung von 5 m zwischen den Geräten. Dies ist mit der eingesetzten Frequenzspreizung in den einzelnen Funkkanälen von WifiDirect und Bluetooth zu erklären. Die einzelnen Kanäle können sich bei mehreren in geringem Abstand aktiven Geräten überlagern, so dass effektiv weniger Daten von den Geräten versendet werden können [1].

Experiment 2 beschäftigte sich mit der Performance der Service Discovery. Dabei zeigten die verwendeten Testgeräte Samsung Galaxy Nexus und Samsung Galaxy S3 Mini große Unterschiede. So ist das Samsung Galaxy Nexus das einzige Gerät, das zuverlässig empfangene Dienste über WifiDirect Service Discovery neu registrieren kann. Die Geräte Samsung Galaxy S3 Mini können im Gegensatz dazu Dienste im Schnitt schneller empfangen und zeigen eine bessere Performance. Dabei ist die Ursache zum einen in den verbauten Wifi Chips und zum anderen in der relativ alten Android-Firmware zu suchen. Jedoch konnte keines der Testgeräte alle Aufgaben der WifiDirect Service Discovery zuverlässig erfüllen.

In Experiment 3 wurde eine Vergleichsmessung mit einer bestehenden WifiDirect Service Discovery-fähigen Applikation durchgeführt. Als Referenzapplikation wurde zum Vergleich die Applikation WifiDirectDemo verwendet, da sie im Gegensatz zu den im Stand der Technik analysierten Applikationen keine gerätespezifische Softwareanpassung benötigt und auf allen Android-Versionen ab Android 4.1.1 funktioniert. Das Experiment betrachtete das Übertragen von Bilddateien zwischen zwei Geräten. SmartConnect erreichte hier einen maximalen Durchsatz von 3 kB/s, während WifiDirectDemo mit 923 kB/s sendete.

Experiment 4 überprüfte die Pufferung von Datenpaketen in der transparenten Kommunikationsschicht. Durch die gewählte Verzögerung der Puffer in der Channelmanagementschicht von 200 ms pro Gerät wurden in den Experimenten maximal 3 Pakete gepuffert. Die Applikation funktionierte mit den Verzögerungen stets stabil.

6   Fazit und Ausblick

SmartConnect ist letztendlich für die Hausautomatisierung auf eine begrenzte Distanz nutzbar, da in der Hausautomatisierung nur kleine Datenmengen für die Steuerung benötigt werden. So ist eine Anwendung als Fernbedienung für diverse Automatisierungsdienste wie z.B. Rollladen- oder Thermostatsteuerungen in Räumen denkbar.

Eine Möglichkeit zur Verbesserung ist die Erweiterung der transparenten Kommunikationsschicht um die Medien NFC und Bluetooth Low Energy (LE). NFC kann dabei Steuerungsaufgaben in kürzester Entfernung übernehmen und wie Bluetooth LE zur Energieersparnis in den mobilen Endgeräten beitragen. Eine Energieersparnis kann auch durch die Einführung einer erweiterten Metrik realisiert werden, die neben einem statischen Kanalwechsel zusätzlich die momentane Entfernung zum Kommunikationspartner bestimmt und darauf basierend entscheidet, welches Medium für die Situation am geeignetsten ist. In diesem Zusammenhang ist es ratsam, die Entscheidung zum Kanalwechsel von der Zielapplikation zu trennen und in die Channelmanagementschicht der transparenten Kommunikationsschicht zu verlagern.

Um die Reichweite der transparenten Kommunikationsschicht zu vergrößern, ist es denkbar, SmartConnect um einen Onlinedienst zu erweitern. Dieser kann über Mobilfunk einen weiteren Funkkanal einführen und über das heute oftmals gut ausgebaute Mobilfunknetz Daten an entfernte Teile der Hausautomatisierung, z.B. auf Gartengrundstücken, senden. Zusätzlich ist es möglich, den Onlinedienst über herkömmliches WLAN zu nutzen und so eine Alternative zu WifiDirect zu schaffen. Tethering kann als Dienst dann sinnvoll genutzt werden, um WLAN außerhalb der Wohnung über einen Hotspot gegenüber anderen Geräten anzubieten. Relevant ist dabei, dass zur vollen Nutzbarkeit des Konzepts WLAN und WifiDirect parallel betrieben werden können. Hinsichtlich Sicherheit in der Datenübertragung wird empfohlen, eine Authentifikation für Bluetooth zu implementieren, um die Sicherheitslücke von SmartConnect zu schließen.

Ein weiterer Aspekt ist das Routing der Informationen. Hier wäre es sinnvoll, das Routing von den Gerätenamen zu lösen und an eindeutige Merkmale, wie z.B. UUID Objekte, zu knüpfen. Eine Anpassung der heute verfügbaren Android-Schnittstelle ist hierbei zu prüfen.

Darüber hinaus ist die Erweiterung des kontextsensitiven Routings um eine situationsabhängige Logik möglich, die sich im Betrieb einlernt. So ist es denkbar, dass eine Überwachungsapplikation eine vernetzte Kamera im Haus nach neuen Bildern anfragt, sobald der Benutzer mit dem Auto auf dem Nachhauseweg in die Garage einfährt. Er kann dabei auf dem Weg zur Haustür sofort sehen, ob etwas Ungewöhnliches in seiner Abwesenheit geschehen ist. Die Logik erkennt dabei die Nutzungsgewohnheiten von SmartConnect durch den Benutzer und gibt oft genutzten Routingpfaden eine höhere Priorität.

Literaturverzeichnis

1. Sven Biermann: *Kontrollverfahren für mobile Echtzeitkommunikation*, FernUniversität in Hagen, 2016.
2. M. Holand: heise.de, Heise Zeitschriften Verlag GmbH & Co. KG, 24.04.2014, `http://www.heise.de/open/meldung/SSL-Gau-Heartbleed-Linux-Foundation-organisiert-Millionen-fuer-OpenSSL-2176405.html` (abgerufen am 29.01.2015).
3. P. Jacquet, P. Mühlethaler, T. Clausen, A. Laouiti, A. Qayyum und L. Viennot: *Optimized Link State Routing Protocol for Ad Hoc Networks*, 78153 Le Chesnay Cedex, France, 2001.
4. A. S. Tannenbaum: *Computernetzwerke*, 4. Hrsg., Pearson Education Deutschland, 2003, pp. 414-419.
5. L. Klein-Berndt: *NIST-Advanced Network Technologies Division*, NIST, 04.04, `http://w3.antd.nist.gov/wctg/aodv_kernel/aodv_guide.pdf` (abgerufen am 20.06.2015).
6. O. Gnawali, P. Levis, R. Fonseca, K. Jamieson und D. Moss: *CTP: Collection Tree Protocol*, Stanford Information Networks Group, 15.07.2011, `https://sing.stanford.edu/gnawali/ctp/` (abgerufen am 21.06.2015).
7. H. Reich: *Kontextbasiertes Routing in MANETs*, Technische Universität Ilmenau, Ilmenau, 2014.
8. C. Mascolo und M. Musolesi: *SCAR: Context-aware Adaptive Routing in Delay Tolerant Mobile Sensor Networks*, ACM, New York, 2006.
9. M. Newman und M. Girvan: *Finding and evaluating community structure in networks*, Santa Fe Institute, Santa Fe, USA, 2003.
10. J. Thomas und J. Robble: *MITRE*, `http://www.mitre.org/sites/default/files/pdf/12_2943.pdf` (angerufen am 04.05.2015).

Echtzeitanforderungen an Virtual Reality Systeme – Interaktive Anwendungen mit sechs Freiheitsgraden

Sebastian Thomeczek

Fakultät für Informatik
Hochschule für angewandte Wissenschaften Landshut
sebastian.thomeczek@haw-landshut.de

Zusammenfassung. Im vorliegenden Beitrag werden zunächst die Grundlagen von *Virtual Reality* (VR) und die daraus entstehenden Implikationen bezüglich Präsentation und Interaktion betrachtet. Anschließend wird die Integration eines günstigen Motion Controller Systems mit 6 Freiheitsgraden in eine VR-Anwendung erläutert. Bei der zugrundeliegenden Arbeit wurden als Hardware die *PlayStation Move* Controller und eine *Oculus Rift DK2* (Dev Kit 2) verwendet. Um die Controller als Eingabegerät zu nutzen, existiert bereits eine Low-Level API. Diese wurde in einen Server integriert, um Controller Tracking-Daten im Netzwerk verfügbar zu machen. In einer Beispiel-VR Anwendung wurden die Controller eingebunden und als Motion Controller verwendet. Diese wurde in der Unreal Engine 4 umgesetzt.

1 Einleitung

Unter Virtueller Realität werden Darstellungsformen verstanden, die dem Anwender eine virtuelle Welt auf eine Art und Weise präsentieren, so dass er diese als real wahrnimmt. Dabei werden, z.B. mit speziellen Headsets, Sinneswahrnehmungen in Echtzeit durch computergenerierte Eindrücke ersetzt. In den letzten Jahren wurde eine neue Generation von Virtual Reality Hardware entwickelt, welche eine bisher unerreichte Qualität bei der Darstellung und Immersion von virtuellen Welten ermöglicht. Die diesem Dokument zugrundeliegende Arbeit [1] wurde Mitte 2015 begonnen. Zu diesem Zeitpunkt waren zwar mehrere Virtual Reality Headsets in Entwicklung, es stand aber praktisch keine spezialisierte Hardware für Interaktion zur Verfügung. Erste VR-Anwendungen verwendeten entweder klassische Eingabegeräte wie Maus & Tastatur oder Controller von Konsolen. Viele Entwickler verzichteten ganz auf Interaktion und versuchten die Stärken von Virtual Reality nur über Demos oder VR-Filme darzustellen. Hardware, die eine Interaktion in Virtueller Realität mit 6 Freiheitsgraden erlaubt (sogenannte *Motion Controller*), stand für Enduser noch nicht zur Verfügung. Ziel der Arbeit war die Integration eines günstigen und (zu diesem Zeitpunkt) einfach zu beschaffenden System von Motion Controllern in eine moderne Game-Engine. Dies wurde anhand einer beispielhaften VR-Anwendung umgesetzt.

2   Grundlagen der Virtual Reality

Das Ziel bei virtueller Realität ist fast immer Immersion: Der Betrachter soll in das Dargestellte eintauchen, die Eindrücke sollen die der Wirklichkeit ersetzen. Die dreidimensionalen Eindrücke in VR wirken deutlich plastischer als in anderen Medien und erlauben eine realistische Wahrnehmung von Größe, Bewegung und Entfernungen. Dies macht VR besonders geeignet für den Entertainment-Bereich, aber auch Telepräsenz, Visualisierung, CAD/CAE oder Fernsteuerung sind potentielle Anwendungsfelder.

Bei einem funktionierendem VR System wird die Empfindlichkeit des Menschen offensichtlich, was Unregelmäßigkeiten in seiner Wahrnehmung betrifft. Bei vielen Personen zeigt sich ein schnelles Einsetzen von Schwindel, Übelkeit oder Kopfschmerzen, wenn die VR-Darstellung nicht optimal ist. Diese Effekte sind unter dem Begriff *Motion Sickness* bekannt. Die Empfindlichkeit der Anwender führt dazu, dass die VR-Technologie viele harte Echtzeitbedingungen bezüglich der Performance und Latenz eines VR-Systems nach sich zieht. Im Gegensatz zu verwandten Medien wie Computerspielen wirkt sich das Nichterfüllen dieser direkt und dauerhaft auf das Wohlbefinden des Anwenders aus.

Im Zuge der Entwicklung der aktuellen VR-Hardware haben sich Mindestanforderungen und Best Practices entwickelt, um Motion Sickness entgegenzuwirken. Grundsätzlich ist eine ausreichende Auflösung pro Auge nötig, um ein gewisses Level an Immersion zu erreichen. Aktuelle Hardware (die Werte beziehen sich auf die Endkundenversionen der Oculus Rift und HTC Vive, Details vgl. [1]) arbeitet mit einer Auflösung von 2160x1200 Pixeln. Für eine realistische Grafik wären Auflösungen von 4k (3840x2160) oder höher wünschenswert, geringere Werte wirken sich aber nicht auf das Wohlbefinden aus. Da ein VR-Headset das gesamte Sichtfeld abdeckt und entsprechend der Kopfbewegungen darstellt, muss große Sorgfalt für das Head-Tracking und Wiedergeben von Bewegungen verwendet werden. Als Richtwert hat sich hier die sogenannte *motion-to-photon* Zeit etabliert. Diese beschreibt die Latenz von einer physikalischen Bewegung des Headsets bis zur Wiedergabe der Bewegung auf dem Bildschirm desselben. Diese Zeit wird durch mehrere Faktoren beeinflusst: Hauptsächlich sind dies die Anzahl der Bildschirmaktualisierungen pro Sekunde, sowie die Latenz des Trackingsystems und der verwendeten Rendering Engine. Derzeit werden deshalb Bildschirme mit 90Hz Aktualisierungsrate verwendet, in späteren Generationen ist mit 120Hz oder mehr zu rechnen. Bei 90Hz und keiner Verzögerung durch Tracking oder Software wäre somit mit einer Latenz von 12ms zu rechnen. Durch verschiedene Techniken, wie Vorausprojektion von Bewegung, kann aber die wahrgenommene Latenz noch weiter reduziert werden.

Es ist außerdem wichtig Frames konstant auszuliefern, da unregelmäßige oder einzelne verzögerte Frames (und damit i.d.R. verdoppelte Latenz) bereits für Unwohlsein beim Betrachter sorgen können. Um dieses Problem abzuschwächen, wurde die *asynchronous timewarp* Technik entwickelt. Dabei wird das letzte gerenderte Bild mit neuen Positionsdaten nachträglich neu projiziert und anstatt eines fehlenden Frames angezeigt. So kann auch bei Frameraten, die unter der Bildschirmaktualisierungsrate liegen, der Eindruck von stabilem Tracking erzeugt werden.

Tracking Aktuelle Tracking Verfahren selbst sind meist nicht schnell genug, um für jeden Frame neue absolute Daten zu liefern. Deshalb werden zusätzlich zum absoluten Tracking auch immer Inertial-Sensoren (meist Gyroskop, Accelerometer und Magnetometer) in Headsets und Controllern zur Bestimmung der Bewegung verwendet. Diese bieten deutlich mehr Updates pro Sekunde und werden genutzt, um die absolute Position aus der Beschleunigung/Bewegung und der letzten bekannten Position zu extrapolieren (*dead-reckoning/ Trägheitsnavigation*). So kann vom System die aktuelle Position berechnet werden, obwohl absolute Positionsmessungen nur in größeren Abständen erfolgen.

Performance-Anforderungen Insgesamt erfordert ein VR-System deutlich mehr Leistung im Vergleich zu verwandten Medien wie 3D-Games. Dies beinhaltet zu einem geringen Teil CPU-Leistung für das Tracking und die Hardwarekommunikation, Hauptfaktor ist aber die benötigte Grafikleistung. Durch die großen Auflösungen und hohe Anzahl an Bildern pro Sekunde wird hier ein Vielfaches der Leistung von klassischem FullHD / 60 FPS Rendering benötigt. In [4] wird genauer dargestellt: "a VR game will require approximately 3x the GPU power of 1080p rendering."

Interaktion Für professionelle Anwendungen außerhalb des reinen Entertainmentbereichs ist adäquate Interaktion in Virtueller Realität notwendig. Herkömmliche Controller oder Eingabegeräte sind in der Regel nicht darauf ausgelegt, mit einer dreidimensionalen Umgebung zu interagieren. Controller mit sechs Freiheitsgraden, welche Position und Orientierung im 3D-Raum bereitstellen, bieten hingegen sehr gute Möglichkeiten intuitive Interaktion in VR zu implementieren.

3   Hardware

Anforderungen an die Hardware waren folgende: Das System sollte 6 Freiheitsgrade bieten, geringe Latenzen und eine hohe Updatefrequenz aufweisen (mindestens 60 Hz), sowie weitere Input/Output Möglichkeiten, wie Buttons, *Force Feedback*, o.ä. besitzen. Die Hardware sollte außerdem günstig zu beschaffen sein, sowie zum Zeitpunkt der Arbeit (Mitte 2015) ohne Wartezeiten verfügbar sein. Außerdem muss das System eine offene und kostenlose Programmierschnittstelle aufweisen.

Das PlayStation Move System Sony bietet seit 2009 ein *PlayStation Move* genanntes System für die PlayStation 3 an, welches aus Motion Controllern und einer Tracking-Kamera besteht. Dabei wurden auf der Oberseite der zylinderförmigen Controller Plastikbälle befestigt, welche von innen mittels einer RGB-LED beleuchtet werden. Diese leuchtenden Kugeln werden dann von der Kamera, genannt *PS Eye*, getrackt. Zusätzlich ist in den Controllern eine IMU (Inertial Measurement Unit) verbaut, welche verschiedene Sensoren zur Berechnung der Controller-Orientierung enthält (Magnetometer, Accelerometer, Gyroskop).

(a) Move Controller & Kamera   (b) Tracking

Abb. 1. Das PlayStation Move System und ein Trackingbeispiel

Oculus Rift DK2 Als VR Hardware wird die *Oculus Rift DK2* (DevKit 2) eingesetzt. Diese VR-Brille war zu Beginn der Arbeit die einzige verfügbare VR-Brille. Sie bietet eine Auflösung von 1920x1080 (960x1080 pro Auge) und optisches Tracking für die Brille auf Basis einer Infrarot-Kamera und im Headset integrierter IR-LEDs.

4 Software

Ziel der Arbeit war ein funktionierendes Gesamtsystem. Deshalb wurde, wenn möglich, auf bestehende Software zurückgegriffen. Dies schließt auf der Controllerseite die PS Move API mit ein, für die Implementierung der VR-Anwendung wurde die *Unreal Engine 4* [6], eine ebenfalls frei verfügbare Game-Engine, eingesetzt. Diese bietet bereits Unterstützung für VR-Headsets.

Zum Ansteuern der Move-Controller existiert die Open-Source Bibliothek in C *PS Move API* [5]. Diese integriert auch einen Tracking Algorithmus zur Bestimmung der absoluten Position der Controller. Die API wurde von Thomas Perl in [2] entwickelt und ist mittlerweile ein Open-Source Projekt.

Im Rahmen einer parallelen Masterarbeit von Simon Köllnberger [3] wurde *MAMV* entwickelt, ein Server, welcher die Daten der PS Move API über ein Netzwerkprotokoll zugänglich macht. Dabei wird zuerst eine TCP Verbindung als Steuerverbindung aufgebaut, über die der Client einfache Steuerbefehle an den Server senden kann. Dies sind z.B. das Starten/Stoppen des optischen oder inertialen Trackings oder das Setzen des Rumble (Force feedback) Wertes. Nach dem Aufbau der Steuerverbindung beginnt der Server automatisch über einen UDP-Socket Controllerdaten an den Client zu senden. Der Server sendet pro Paket folgende Daten: Controller ID, Statusbits, Tracking Position, IMU-Rohdaten, Buttons, Wert des analogen Triggers und Orientierung.

5   Aufbau des Gesamtsystems

Ein separater Rechner ist für die Kommunikation mit den Controllern sowie für das optische Tracking zuständig. Auf diesem läuft der MAMV Server und stellt die Controllerdaten über das Netzwerk zur Verfügung. Ein weiterer PC mit leistungsstarker Graphikhardware ist an das VR-System angeschlossen und führt die VR-Anwendung auf Basis der Unreal-Engine aus. Über das für diesen Zweck entwickelte MAMVClient-Plugin für die Unreal-Engine werden die Controller am VR-PC als Eingabegeräte zur Verfügung gestellt. Der Aufbau ist in Abb. 2 schematisch dargestellt.

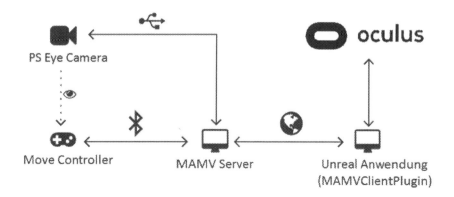

Abb. 2. Der Aufbau des Gesamtsystems

6   Implementierung der VR-Beispielanwendung

In der VR-Anwendung wurden verschiedene für Virtual Reality relevante Konzepte implementiert. Um ein einfaches System zur Kollisionsvermeidung umzusetzen, wurde neben den 3D-Modellen für die virtuellen Inhalte auch ein 3D-Modell des Raumes, in dem das VR-System aufgebaut ist, integriert. Auf diese Weise ist es möglich, dem Nutzer bei Gefahr einer Kollision die Geometrie des echten Raumes in VR einzublenden.

Weiterhin wurden mehrere Konzepte für eine natürliche Interaktion umgesetzt. So existiert innerhalb der Anwendung kein klassisches PC User-Interface, stattdessen werden die Interaktionen über physikalische Objekte, wie Buttons, Hebel und Schalter geführt.

7 Echtzeitaspekte

Für ein hochqualitatives Tracking System sind geringe Latenzen und eine Updatefrequenz von 120Hz erwünscht. Das PlayStation Move System kann dies aus verschiedenen Gründen nicht leisten. Hauptsächlich ist die PS Eye Kamera der einschränkende Faktor. Sie bietet bei einer Auflösung von 640x480 Pixel 60Hz, bei geringeren Auflösungen bis zu 120Hz. Das optische Tracking selbst erfordert bei diesen Auflösungen und dank intelligenter Auswahl einer Region-of-Interest im Videofeed nur wenig Leistung. Die im Move Controller verbaute Sensorik ist grundsätzlich fähig Update-Raten von 120Hz zu leisten, das Design der PSMoveAPI erlaubt aber nur ein Polling von jeweils 2 IMU- und einem Tracking-Update mit 60Hz. Somit erreicht das Gesamtsystem effektiv 60Hz. In den praktischen Tests hat sich dies als für einfache Anwendungen ausreichend herausgestellt. Da dies nicht der Fokus der Arbeit war, wurden keine genauen Messungen bezüglich der Gesamtlatenz oder Performance des Systems vorgenommen.

8 Fazit

Als Schwachpunkt des optischen Trackings mit nur einer Kamera zeigt sich vor allem die fehlende Genauigkeit auf der Z-Achse. Die Entfernung der Controller zur Kamera lässt sich nur über die Größe der Tracking-Kugel im Kamerabild bestimmen, was bei Entfernungen von mehr als 1,5 Metern deutlich an Genauigkeit verliert. Zudem kann in manchen Situationen der Controller durch den Nutzer verdeckt werden. Um dies zu vermeiden, ist eine auf die Kamera hin ausgerichtete Anwendung sinnvoll. Insgesamt ist die Tracking-Hardware in der vorgestellten Konstellation aber eine gute Lösung für einfache Anwendungen oder Low-Budget Zwecke (ein Controller mit Kamera ist bereits für unter 30 EUR zu erwerben). Zusätzlich ist die gesamte nötige Software für Ansteuerung und Tracking unter einer Open-Source Software verfügbar.

Literaturverzeichnis

1. Sebstian Thomeczek, *Interaction in Virtual Reality – An Application with 6DoF Input*, Fakultät Informatik, HAW Landshut, 2015
2. Thomas Perl, *Cross-Platform Tracking of a 6DoF Motion Controller*, Institut für Softwaretechnik und Interaktive Systeme, TU Wien, 2013. http://publik.tuwien.ac.at/files/PubDat_214197.pdf (abgerufen am: 26.7.2016)
3. Simon Köllnberger, *Bereitstellung von Tracking-Daten von Human Interface Devices und Aufwertung dieser Daten*, Fakultät Informatik, HAW Landshut, 2016
4. Powering the Rift. 15. Mai 2015, (abgerufen am: 26.7.2016) https://www.oculus.com/en-us/blog/powering-the-rift/
5. *PS Move API*, Github, https://github.com/thp/psmoveapi (abgerufen am: 26.7.2016)
6. *What is unreal engine 4*, (abgerufen am: 26.7.2016) https://www.unrealengine.com/what-is-unreal-engine-4

Indoor-Navigation
mit Augmented Reality-Unterstützung

Andreas Hümmerich

Fakultät für Mathematik und Informatik
FernUniversität in Hagen, 58084 Hagen
kn.wissenschaftler@fernuni-hagen.de

Zusammenfassung. Die Masterarbeit [4] befasst sich mit den notwendigen Voraussetzungen für die Indoor-Navigation. Ein neuer Ansatz ist dabei die Nutzung von Augmented Reality, welche eingeführt und gesondert behandelt wird. Die Zusammenführung von Theorie und Praxis ist in einer Android-App erfolgt, deren Umsetzung beschrieben wird. Schließlich werden Zukunftsvisionen und -potenziale für die Indoor-Navigation aufgezeigt und Beispiele vorgestellt. Nachfolgende Ausführungen basieren auf dieser Arbeit und fassen sie zusammen.

1   Einleitung

Heutzutage stehen dem Benutzer eines Smartphones oder Tablet-PCs ausgereifte und komfortable Möglichkeiten zur Verfügung, um seine derzeitige Position zu ermitteln, zu einem gewünschten Zielort in Relation zu setzen und bei Bedarf Anweisungen für die zu wählende Wegstrecke dorthin zu erhalten. Dies unterliegt allerdings der Einschränkung, dass derlei Systeme in aller Regel nur unter freiem Himmel zuverlässig funktionieren. Innerhalb von Gebäuden werden die entsprechenden Signale zumeist nicht empfangen. Die *Indoor*-Navigation adressiert diese Problematik und stellt Ansätze und Techniken zur Verfügung, um gleichwertige Möglichkeiten auch innerhalb geschlossener Räume zu schaffen.

Die zentralen Fragestellungen hierbei sind: „Wo befinde ich mich?" und (auf der jeweiligen Antwort basierend) „Wie gelange ich (z. B. am schnellsten / am günstigsten / ...) zu einem bestimmten Ziel?"

Während für die externe Navigation etablierte, satellitengestützte Systeme existieren, mit deren Hilfe die erste Frage mit ausreichender Genauigkeit beantwortet werden kann, gibt es für die Indoor-Navigation keine in dieser Weise übergreifenden und standardisierten Schnittstellen. Die vergleichsweise hohe Anzahl der unterschiedlichen existierenden Produkte und Lösungen zeigt gleichsam das Marktpotenzial entsprechender Umsetzungen.

Zunächst ist also eine Basistechnologie festzulegen, welche – in Ermangelung eines zuverlässigen GNSS-Empfangs in Gebäuden – die Beantwortung der ersten Grundfrage erlaubt. Rahmenbedingung hierbei ist, dass moderne Mobilgeräte eine entsprechende Schnittstelle bieten sollten. Geeignete Kandidaten sind demgemäß Bluetooth und WLAN. Ein umfassender Überblick verschiedener alternativer Technologien ist in [6] gegeben.

Beide Schnittstellen erlauben die ungefähre Ermittlung des Abstandes zu einem Kommunikationspartner (z. B. einem Access Point bzw. einer Bluetooth-Bake) mit Hilfe des *RSSI*-Wertes („Received Signal Strength Indicator"), der eine Kennzahl für die Signalqualität darstellt (entsprechende Betrachtungen siehe S. 113). Aus der so angenähert ermittelten Entfernung zu mehreren Sendern kann die Position des Empfängers abgeleitet werden. Zu weiteren grundlegenden Überlegungen sei auf die Arbeit [2] verwiesen.

Die Beantwortung der zweiten Grundfrage ist unter dieser Voraussetzung mit Hilfe geeigneter Algorithmen möglich, unterscheidet sich also nicht entscheidend von der entsprechenden Umsetzung bei der Navigation im Freien. Hierfür ist jedoch eine Abbildung des Gebäudes und seiner Struktur in den technischen Kontext notwendig, die im folgenden Abschnitt behandelt wird.

2   Theoretische Überlegungen

Um eine Verortung und Navigation innerhalb eines Gebäudes durchführen zu können, ist es notwendig, dessen Daten in geeigneter Form zu digitalisieren. Nachfolgend wird beschrieben, wie dies auf Grundlage einer dreischichtigen technischen Abbildung geschehen kann, wie sie in Abb. 1 skizziert ist. Der Grundriss dient dabei als Basis für die weiteren Schichten und wird dem Benutzer gleichsam bei Verwendung der App dargestellt. Auf ihm basierend wird ein Graph erstellt, welcher die vorhandenen Verbindungswege beschreibt. Um eine Verortung zu ermöglichen, ist weiterhin ein entsprechendes Koordinatensystem vonnöten. Diese drei Schichten werden in den folgenden Abschnitten näher erläutert, daraufhin noch auf die Möglichkeit, Räume programmatisch aufzufinden und auf den letztlichen Navigationsalgorithmus eingegangen.

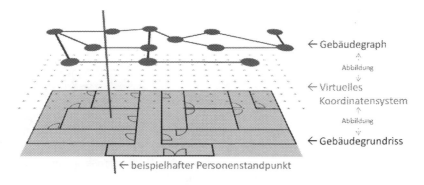

Abb. 1. Technische Abbildung des Gebäudes

Abb. 1 beinhaltet auch exemplarisch die gedachte Position eines Benutzers in Form einer vertikalen Linie, die in allen drei Ebenen verortet werden kann. Der Standpunkt des Benutzers wird demjenigen Knoten zugeordnet, dem er räumlich am nächsten ist. Dieses Vorgehen stellt zusätzliche Anforderungen an den Gebäudegraphen, die nachfolgend aufgegriffen werden.

Die gezeigte Abbildung ist für eingeschossige Gebäude ausreichend, muss aber erweitert werden, wenn weitere Ebenen hinzukommen. In diesem Fall ist für jedes Stockwerk ein Grundriss vonnöten. Verbunden werden diese mittels des Graphen und des Koordinatensystems, die sich dann dreidimensional ausdehnen.

2.1   Gebäudeplan

Der Gebäudeplan kann in Form eines Grundrisses eingebunden werden. Insbesondere bei Verwendung der Augmented Reality zur Navigation besteht hierfür keine technische Notwendigkeit, er dient jedoch als Basis für die Erstellung des Gebäudegraphen und -koordinatensystems und kann ferner dem Navigierenden als Übersicht angezeigt werden. Der einfachste Ansatz ist es, den Plan in Form einer Grafik pro Ebene in einem gängigen Grafikformat zur Verfügung zu stellen.

2.2   Gebäudegraph

Die eigentlichen Navigation erfolgt unter Zuhilfenahme eines Graphen, der die Navigationsoptionen im Gebäude widerspiegelt. Wie Abb. 2 zeigt, sind an diesen Graphen jedoch weitere Anforderungen zu stellen: Auf der linken Seite findet sich ein einfacher Grundriss mit einem überlagernden Graphen, der eine korrekte Navigation zulässt. Rechtsseitig der gleiche Grundriss mit einem anderen, jedoch mathematisch äquivalenten (isomorphen) Graphen, der zu einer fehlerhaften Navigation „durch die Wand" führen würde.

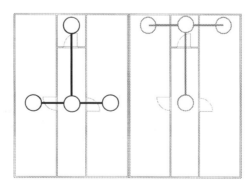

Abb. 2. Beispiel für besondere Anforderungen an den Gebäudegraphen

Dieses Beispiel zeigt, dass die Positionen der Knoten des Graphen nicht frei wählbar sind, sondern mit gebäudebezogenen Koordinaten einhergehen müssen, um solche Fälle zu vermeiden. Es gilt ferner, bei der Graphengenerierung weitere Regeln zu beachten, deren Notwendigkeit insbesondere der Tatsache geschuldet ist, dass die Position eines Navigierenden immer dem nächstgelegenen Knoten des Graphen zugeordnet wird. So kann es notwendig sein, ein und denselben Raum durch mehrere Knoten zu repräsentieren.

2.3   Koordinatensystem

Im Zusammenhang mit der Positionsfindung ist eine der ersten aufkommenden Fragen diejenige nach dem Koordinatensystem. GNSS verwenden das weltweit gültige Koordinatensystem *WGS84*, das der Einteilung in die allgemein gebräuchlichen Längen- und Breitengrade entspricht. Der weitere Vorteil dieses Systems besteht darin, dass sämtliche Koordinatentupel weltweit eindeutig sind. Allerdings trägt dieses System auch der Tatsache Rechnung, dass die Erde in ihrer Form keine ideale Kugel darstellt, daher ist das mathematische Modell sehr komplex, sodass im Folgenden auf ein eigenes Gebäudekoordinatensystem zurückgegriffen wird.

Diesem Gebäudekoordinatensystem sowie auch dem später betrachteten Gebäudegraphen und der letztlichen Navigationsübersicht liegt der Grundriss des Gebäudes zugrunde, auf den sich die digitale Abbildung des Gebäudes stützt und den sie auch gleichsam mitführt. Der gewählte pragmatische Ansatz besteht hierbei darin, einem bestimmten Punkt im Gebäude den Wert $\begin{pmatrix} 0 & 0 & 0 \end{pmatrix}^{\mathsf{T}}$ zuzuweisen und alle weiteren Koordinaten von dort aus zu bestimmen. Das Koordinateninkrement wird dabei in Abhängigkeit von einer maßstäblichen Gebäudeabbildung gewählt.

2.4   Positionsermittlung

Die Ermittlung der eigenen Position innerhalb dieses Systems ist mit Hilfe eines mathematischen Verfahrens möglich: Angenommen, durch entsprechende Auswertungen des RSSI-Wertes (siehe S. 113) wurden die etwaigen Abstände d_1 bis d_4 des Mobilgeräts zu vier Baken bestimmt. Die Positionen dieser Baken seien als Koordinatentripel B_1 bis B_4 innerhalb des Koordinatensystems bekannt. Sodann können die Bakenstandorte als Mittelpunkte von Kugeln mit dem jeweiligen Radius d_i angesehen werden. Es folgt für jede einzelne Kugel, dass sich die Position des Mobilgeräts an einem Punkt auf deren Oberfläche befinden muss.

Da dies jedoch für alle vier Kugeln gilt, kann der Standpunkt durch entsprechende Schnittoperationen aufgefunden werden: Schneidet man zwei der Kugeln, so erhält man eine Schnittebene[1] E_1, auf der sich wiederum die Position des Geräts befinden muss. Schneiden wir nun weitere Kugeln miteinander, ergeben sich neue Schnittebenen, die sich wiederum in einer Schnittgeraden treffen und sodann in einem gemeinsamen Punkt treffen, der dem gesuchten Standpunkt entspricht (bzw. aufgrund der Ungenauigkeit der Daten zumindest nahekommt).

Die algorithmische Herangehensweise an die Positionsfindung besteht daraus, zunächst die Koeffizienten der drei benötigten Ebenengleichungen zu ermitteln

---

[1] Genau genommen erhielte man einen Schnitt*kreis*, die Betrachtung der Ebene ist jedoch mathematisch einfacher und bietet bei ungenauen Daten weitere Vorteile.

(durch Subtraktion der beteiligten Kugelgleichungen), diese sodann als Glei-chungssystem aufzufassen und selbiges mit entsprechenden Methoden zu lösen.

Es existieren eine Reihe von Grenz- und Spezialfällen bei diesem Verfahren, die hier nicht behandelt werden können. Bis auf wenige, unwahrscheinliche Aus-nahmen können sie jedoch mathematisch oder algorithmisch abgefangen werden.

2.5 Auffinden von Räumen

Eine komfortable Navigationsanwendung gestattet dem Benutzer, Räume auf verschiedene Arten aufzufinden: Entweder über eine grafische Auswahl (mittels Antippen in der Darstellung des Gebäudes) oder über eine spezielle Suchfunkti-on. Der erstgenannte Fall ist dabei einfach durch Koordinatenumrechnung abzu-handeln. Um eine Suchfunktion zu ermöglichen, werden die Knoten des Gebäu-degraphen mit weiteren Attributen wie Raumname und -nummer, etc. versehen.

2.6 Navigation vom Start- zum Zielknoten

Der Informatik sind verschiedene performante und erprobte Algorithmen be-kannt, um eine Wegfindung innerhalb eines Graphen durchzuführen. Der zuvor beschriebene Gebäudegraph kann somit als Ausgangspunkt für die eigentliche Navigationsfunktionalität dienen. Um nicht nur einen beliebigen, sondern den möglichst optimalen Weg von einem Knoten zu einem anderen zu finden, ist weiterhin die Betrachtung der „Kosten" für das Beschreiten einer Kante notwen-dig. Wegfindungsalgorithmen bevorzugen Wege mit möglichst geringen Kosten und definieren auf diese Art und Weise das entsprechende Optimum.

Insofern liefert der euklid'sche Abstand zwischen den durch sie verbundenen Knoten ein sehr gutes Maß für die Kosten der Beschreitung einer Kante. Es kann bei der Indoor-Navigation zusätzlich von Vorteil sein, Wege zu bevorzugen, die möglichst viele Flure und/oder öffentliche Bereiche im Gegensatz zu „echten" Räumen beinhalten. Aus diesem Grund wird hier konzeptionell zwischen Flur- und Raumknoten unterschieden. Die jeweilige Klassifizierung fließt dann in die Kostenfunktion mit ein und kann so für die Bevorzugung der entsprechenden Route sorgen.

Die Umsetzung der Navigations-App erfolgte auf Basis des Dijkstra-Algorith-mus, der hierfür am geeignetsten erschien. [2] kommt zu der gleichen Folgerung.

3 Augmented Reality

Eine Begriffsbestimmung der Augmented Reality stützt sich meistens auf das Paper [1], in welchem Ronald T. Azuma die folgenden drei Grundcharakteristika für die Augmented Reality definiert:

- Sie kombiniert die Realität und die *virtuelle* Realität miteinander.
- Sie ermöglicht dabei eine Interaktivität in Echtzeit.
- Reale und virtuelle Objekte stehen in einem dreidimensionalen Bezug zuein-ander.

Diese Definition wie auch der alltägliche Gebrauch des Begriffs suggerieren eine Anreicherung allein der *optischen* Sinneseindrücke. Die Augmented Reality ist jedoch nicht prinzipiell darauf begrenzt. Ungeachtet dessen wird hier im Folgenden ebenfalls nur auf eine Erweiterung der optischen Eindrücke eingegangen.

„Echte" (im Sinne der o. g. Definition) Augmented Reality - Anwendungen findet man im Alltag noch relativ selten. Sie kommen z. B. in Head up-Displays von Fahrzeugen, Texterkennungs- und übersetzungs-Apps für Smartphones oder auch Unterhaltungsanwendungen wie „MSQRD" vor.

Insbesondere bei der Recherchen nach passenden Frameworks und Bibliotheken für die Umsetzung einer Augmented Reality - Anwendung fällt ein weiteres Unterscheidungskriterium auf: Die Art, wie eine entsprechende Anwendung erkennt, wo sich der Benutzer befindet und welche virtuellen Zusatzobjekte entsprechend bereitzustellen sind. Bei der *marker based Augmented Reality* erfolgt diese Erkennung anhand festgelegter Markierungen (bspw. QR-Codes), die mit der Gerätekamera eingelesen werden.

Die *location based Augmented Reality* nutzt das (bspw. mittels GNSS ermittelte) Wissen über den Standpunkt eines Benutzers und die Sensorinformationen über die Ausrichtung des Mobilgeräts, um Position und Blickrichtung zu bestimmen. Diese werden dann in die virtuelle Umgebung übertragen und somit wiederum die passenden virtuellen Objekte dargestellt.

Obwohl sich marker und location based Augmented Reality nicht grundsätzlich ausschließen, findet sich in den meisten Anwendungen und Frameworks nur eine der Möglichkeiten wieder. Auch für den hier betrachteten Anwendungsfall der Indoor-Navigation wird im Weiteren nur noch auf die location based Augmented Reality eingegangen, da sie an dieser Stelle besser geeignet ist.

3.1   Technische Umsetzungsmöglichkeiten

Moderne Mobilgeräte verfügen über Lagesensoren, die z. B. anhand des Erdmagnetfelds drei Bezugswinkel ermitteln: Es sind dies der Gier-, der Roll- und der Nickwinkel, welche die Neigung gegenüber den drei Raumachsen beschreiben.

Zusammen mit der bereits beschriebenen Positionsermittlung mittels Trilateration, bspw. über Bluetooth, sind nun die notwendigen Informationen vorhanden: Das Gerät kennt den Punkt, an dem es sich innerhalb der virtuellen Umgebung befindet und ferner auch seine Ausrichtung (entsprechend der Blickrichtung der Kamera).

Im nächsten Schritt sind also die Zusatzobjekte der Augmented Reality aufzufinden, die für diese Position und Blickrichtung Relevanz haben. Dies kann z. B. mit Hilfe räumlicher Datenbanken geschehen. In einfach gelagerten Fällen ist es jedoch auch durchaus ausreichend, die virtuelle Umgebung von vornherein mit allen darstellbaren Objekten lagerichtig zu „bevölkern" und die letztlich korrekte Darstellung der 3D-Schnittstelle zu überlassen.

Die Ansteuerung dieser Schnittstelle erfolgt dann über Techniken, die auch vom Desktop-PC gewohnt sind. Faktisch alle Android-Geräte unterstützen hierbei OpenGL. Neben den Objekten mit ihren Koordinaten muss die Schnittstelle mit weiteren Informationen wie der Bildschirmauflösung, dem Abbildungswinkel der Kamera und der Projektionsmatrix (in aller Regel wird man hier eine perspektivische Projektion wählen) initialisiert werden. OpenGL stellt daraufhin die komfortable Funktion `gluLookAt` zur Verfügung, welche eine genaue Positionierung der virtuellen Kamera erlaubt.

Im Rahmen der App-Konzeption wurden verschiedene, frei nutzbare Augmented Reality - Frameworks auf Ihre Eignung als Basis für die Implementierung hin getestet, erwiesen sich jedoch aufgrund konzeptioneller oder technischer Mängel als ungeeignet. Mangels der Möglichkeit, die Vielzahl der existierenden Frameworks zu evaluieren und unter Berücksichtigung dieser Ergebnisse wurde bei der App-Erstellung kein externes Framework eingebunden, sondern eine eigene technische Basis geschaffen.

4   Umsetzung einer Navigations-App

Vor der konkreten Implementierung einer entsprechenden App galt es noch, die Beziehung zwischen RSSI-Wert und Entfernung zur jeweils empfangenen Bake genauer zu untersuchen. Hierzu findet man in der Literatur die folgende Formel:

$$v_{\text{RSSI}} = -10 \cdot n \cdot \log_{10}(d) + A \qquad (1)$$

U. a. die Friis'sche Übertragungsgleichung (siehe [3]) ermöglicht eine Herleitung. Während v_{RSSI} dem (am Empfänger) gemessenen RSSI-Wert entspricht, ist mit d die Entfernung zum Sender bezeichnet. Es verbleiben die variablen Parameter n und A. Daher erfolgte eine Messreihe zur Klärung insbesondere der Fragestellung, ob und, falls ja, wie stark die Parameter n und A, vom verwendeten mobilen Endgerät abhängig sind.

Die Messreihe wurde in einem großen, leeren Saal durchgeführt, in dessen Mitte eine Bluetooth-Bake positioniert wurde. In verschiedenen Abständen und Winkeln wurde sodann der RSSI-Wert erhoben und ein endgültiger, weiter verwendeter Wert aus der Mittelung dreier aufeinanderfolgender Messungen abgeleitet. Die Messung wurde sodann mit einem anderen Endgerät wiederholt. Die Messwerte beider Endgeräte an der Bake sind in Abb. 3 dargestellt.

Die Interpretation dieser Auswertung lässt eine Beantwortung der zuvor gestellten Frage wie folgt zu: Die Parameter n und A und somit auch der empfangene RSSI-Wert sind wesentlich vom verwendeten Mobilgerät abhängig.

Ferner erfolgte eine Interpolation der gemessenen Werte mittels der Software R, um die Parameter n und A für den konkreten Fall ermitteln zu können. Dabei ergab sich folgende Gleichung für das Mobilgerät:

$$v_{\text{RSSI}} = -10 \cdot 3{,}051 \cdot \log_{10}(d) - 44{,}43$$

Diese Formel passt sehr gut in das Modell aus Gleichung 1, das von einem n-Wert im Intervall $[2, 4]$ ausgeht und zudem angibt, dass der A-Wert stark mit dem RSSI-Wert, der in einem Meter Entfernung gemessen wurde, korreliert.

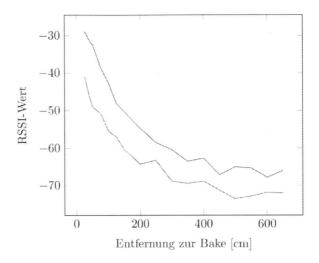

Abb. 3. Messwerte zweier unterschiedlicher Mobilgeräte

Für die Implementierung einer entsprechenden App bedeutet dies, dass eine Datenbank mit den n- und A-Werten bekannter Geräte bereitgehalten werden sollte, um die Genauigkeit der Abstandsermittlung zu erhöhen.

4.1 Technische Implementierung

Abb. 4 zeigt schematisch den Aufbau der Anwendung: Der Benutzer interagiert über sog. *Activities* mit dem System. Diese Activities sind eng mit den entsprechenden Bildschirmmasken verbunden und erlauben so bspw. die Auswahl eines Start- und Zielpunktes für die Navigation.

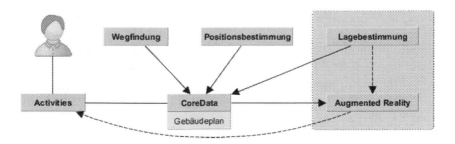

Abb. 4. Komponenten der Navigations-App

Die Komponenten zur Wegfindung und zur Positionsbestimmung gehen Hand in Hand: Sobald letztere die momentane Position ermittelt hat, kann die Wegfindungskomponente auf dieser Basis den Routenvorschlag aktualisieren. Der

Austausch aller Programmkomponenten untereinander erfolgt über eine zentrale Klasse CoreData, welche neue Informationen empfängt und andere Klassen bei Bedarf mittels des Observer-Patterns über Änderungen informiert.

Ein integraler Bestandteil der Anwendung ist zudem der Gebäudeplan, der zur Laufzeit aus einer passenden XML-Datei gelesen und in Form einer Objekthierarchie im Speicher abgelegt wird. Der Zugriff auf diese Objekte erfolgt ebenfalls zentral über die CoreData-Klasse.

Die Augmented Reality bildet einen eigenen Bereich für sich, u. a., da sie für die Indoor-Navigation nicht unabdingbar ist. Die Komponente zur Lagebestimmung im Raum fragt kontinuierlich die Hardwaresensoren des Geräts ab und schreibt die Änderungen in die CoreData-Klasse, sofern sie nicht nur unwesentlich waren. Die eigentliche Augmented Reality- Komponente letztlich trägt für die weiteren auf S. 112 erwähnten Notwendigkeiten Sorge: Unter Zuhilfenahme der bereitgestellten Daten ermittelt sie die entsprechend darzustellenden 3D-Objekte und aktualisiert die virtuelle Umgebung darauf basierend.

5   Fazit

Unter den etablierten Basistechnologien fallen besonders Bluetooth und WLAN als am besten geeignete Kandidaten für die Indoor-Navigation auf. Für die eigentliche Navigation, sei es mit oder ohne Augmented Reality, findet sich bereits eine unüberschaubare Anzahl freier wie proprietärer Produkte und Frameworks. Einheitliche Standards sind jedoch auf diesem Gebiet noch nicht etabliert.

Nahezu alle Fragestellungen der Indoor-Navigation sind konzeptionell und mathematisch auf abstraktem Niveau abzuhandeln. Einzig nicht in allgemeiner Weise anzugeben sind die Parameter A und n der Gleichung 1 (siehe S. 113) für die Interpretation des RSSI-Wertes als Entfernung zum jeweiligen Sender.

Die Augmented Reality kann als *zusätzlicher* Bestandteil den Nutzen und Bedienkomfort einer Navigationsanwendung erhöhen. Eine virtuelle Umgebung kann mit einfachen Mitteln eingeführt und mit Informationen bestückt werden.

Die Entwicklung einer prototypischen App hat gezeigt, dass die gewonnenen Erkenntnisse korrekt und die Ansätze zielführend waren. Ein weitere Anwendung zur Erstellung und Modifikation von Gebäudeplänen (inkl. Navigationsgraph), die dann dynamisch in die App geladen werden können, wurde erstellt.

6   Ausblick

Einige interessante Aspekte und Einsatzmöglichkeiten der Indoor-Navigation mit und ohne Augmented Reality werden im Folgenden beleuchtet, um die große Aktualität und das Potenzial dieser Thematik zu unterstreichen.

Der *öffentliche Nah- und Fernverkehr* bietet ein breites Spektrum an Anwendungspotenzialen. Ein Reisender verlässt bspw. sein Haus und begibt sich mit Hilfe von GNSS-Navigation zu einem Bahnhof. Innerhalb desselben kann er sich mittels Indoor-Navigation zurechtfinden. Er besteigt einen Zug, in welchem ebenfalls eine Navigation (bspw. zum Speisewagen) möglich ist. An einem Flughafen verlässt er den Zug und wird zur Gepäckaufgabe, zur Sicherheitskontrolle usw. geführt, dabei optional auf Restaurants, Geschäfte etc. hingewiesen.

Auch eine Anwendung als *Hilfssystem für Senioren* ist denkbar: Gerade in Verbindung mit Augmented Reality ergeben sich Möglichkeiten, Senioren zu unterstützen, die sich bislang mit neuen Technologien schwertun. Dies umso mehr, da die einfache Bedienbarkeit solcher Systeme keine gesonderte Einarbeitung voraussetzt. Verschiedene Arbeiten wie [5] haben diese Ansätze untersucht und sind zu sehr positiven Ergebnissen gekommen.

Der *Brand- und Katastrophenschutz* ist ein weiteres Einsatzszenario für den Bereich der Indoor-Navigation, das in diversen Arbeiten wie [7] behandelt wird. Mit entsprechenden Geräten ausgerüstete Einsatzkräfte können schneller kritische Einrichtungen wie Hydranten oder Gastanks oder aber verletzte Personen auffinden. Gleichsam kann die Einsatzleitung „von außen" die Position der Kräfte verfolgen und Anweisungen oder Warnungen erteilen.

Die *Vernetzung* der Geräte bringt weitere Möglichkeiten mit sich. Können sie flexibel als Server und/oder Clients fungieren, so lassen sich Daten und Pläne in Echtzeit aktualisieren. Es wird möglich, Personen aufzufinden, mit denen man sich treffen möchte, die ggf. hilfsbedürftig sind oder auch solche, die unberechtigt in bestimmte Gebiete eingedrungen sind. Schließt man die Navigationsgeräte zu einem Peer-to-Peer-Netzwerk zusammen, so können sie bspw. in schlecht abgedeckten Bereichen selbst als Baken füreinander funktionieren und so die Ortungsgenauigkeit verbessern, weiterhin Inhalte miteinander teilen und z. B. im Gefahrenfall für eine Echtzeitaktualisierung von Informationen sorgen.

Literaturverzeichnis

1. Azuma, Ronald T. (1997): *A Survey of Augmented Reality,* http://www.cs.unc.edu/~azuma/ARpresence.pdf (abgerufen am 13.06.2016)
2. Bachmeier, Alexander: *Wi-Fi based indoor navigation in the context of mobile services,* http://dbis.eprints.uni-ulm.de/976/1/Bachmaier2013.pdf (abgerufen am 24.06.2016)
3. Friis, Harald Trap: A Note on a Simple Transmission Formula. In: *Proceedings of the IRE 34.5* (Mai 1946), S. 254-256. ISSN: 0096-8390. DOI: 10.1109/JRPROC.1946.234568.
4. Hümmerich, Andreas (2015): *Indoor-Navigation für Android-Geräte mit Unterstützung durch Augmented Reality-Techniken*
5. Shaun Lawson und David Nutter (2006): *Augmented Reality Interfaces to Support Ageing-in-Place.* http://www-edc.eng.cam.ac.uk/~jag76/hci_workshop06/lawson_et_al.pdf (abgerufen am 13.06.2016)
6. Mautz, Rainer (2009): *Indoor Positioning – Präzise Verfahren zur Innenraumpositionierung* https://www1.ethz.ch/igp/geometh/people/rmautz/mautz_darmstadt09.pdf (abgerufen am 24.06.2016)
7. Renaudin, Valérie et al.: Indoor Navigation of Emergency Agents. In: *European Journal of Navigation,* Vol. 5, Nr. 3 (Juli 2007), S. 36–45

Domänenorientierte Softwarearchitektur mit CÉU und RUST am Beispiel eines Heizungsgateways zur Fernüberwachung und Fernparametrisierung

Matthias Terber

Web Schnittstellen und Apps
Bosch Thermotechnik GmbH, 35457 Lollar
matthias.terber@de.bosch.com

Zusammenfassung. Sogenannte *Smart Devices* verbinden Echtzeit- und Nicht-Echtzeitdomäne in einem einzigen System. Die konsequente Trennung beider Problembereiche schon beim Entwurf der Softwarearchitektur erlaubt den Einsatz von verschiedenen, adäquaten Programmiersprachen. Für die jeweiligen Domänen entstehen so Lösungen, die oft kürzer und verständlicher sind, als bei einsprachigen Implementierungen. Am Beispiel eines Heizungsgateways wird dies veranschaulicht.

1   Einleitung

Im Verlauf der vergangenen Jahre hat der Einzug des *Internet der Dinge* eine Vielzahl von neuen Anwendungsbereichen für eingebettete, intelligente und vernetzte Computersysteme, sogenannte *Smart Devices*, entstehen lassen. Die Gemeinsamkeit dieser Systeme besteht darin, dass sie über eine Internetschnittstelle den Zugriff auf hardwarenahe Funktionalitäten ermöglichen. Dadurch verknüpfen sie zwei sehr unterschiedliche Problemdomänen – Echtzeit und Nicht-Echtzeit. Im Gegensatz zur Internetkonnektivität ist im klassischen, eingebetteten Anwendungsbereich eine rechtzeitige Systemantwort häufig unverzichtbar.

Beiden Domänen liegen jeweils ganz eigene Anforderungen, Konzepte und Paradigmen der Implementierung zu Grunde. Die Wahl eines geeigneten Modells zur Berechnung ist entscheidend für eine einfache Lösung domänentypischer Probleme. Mit dem Ziel einer unkomplizierten Implementierung, muss dies bereits bei der Architektur eines Softwaresystems berücksichtigt werden.

Typischerweise wird bei der Planung einer Softwarearchitektur das Gesamtsystem in einzelne Komponenten zerlegt. Mit Fokus auf ihre funktionalen Zuständigkeiten werden diese gruppiert und in Beziehung zueinander gesetzt. Das Ergebnis ist häufig eine rein logische Strukturierung von Quelltext ohne jegliche Berücksichtigung der unterschiedlichen, domänentypischen Anforderungsprofile. Als Konsequenz entsteht meist ein flaches System mit einsprachiger Implementierung, beispielsweise in *C* oder Java, in welchem sich jeweils nur ein Teil der domänenspezifischen Probleme leicht lösen lässt – der andere erfordert erhöhten Aufwand.

Durch eine konsequente Trennung der Domänen bereits beim Entwurf der
Softwarearchitektur, lassen sich verschiedene Programmiersprachen, basierend
auf adäquaten Berechnungsmodellen und ausgestattet mit domänenunterstüt-
zenden Leistungsmerkmalen, einsetzen. Dies lässt eine Reduzierung der Entwick-
lungszeit sowie eine bessere Verständlichkeit und Wartbarkeit des resultierenden
Programmcodes erwarten.

Am Beispiel eines Heizungsgateways, einem Smart Device der *Bosch Thermotechnik GmbH*, soll mit Hilfe der Sprachen RUST [6] und CÉU [4] verdeutlicht werden, wie sich durch eine domänenorientierte Softwarearchitektur die Realisierung
von Echtzeit- und Nicht-Echtzeitdomäne vereinfachen lässt. Basierend auf dem
asynchronen Berechnungsmodell, wird RUST zur Umsetzung der Internetkonnektivität verwendet. Besonderes Augenmerk gilt CÉU, dessen synchron-reaktives
Modell sich besonders gut zur Implementierung ereignisgesteuerter Aufgaben
eignet.

2   Heizungsfernsteuerung

Heizungssysteme lassen sich für gewöhnlich nur lokal innerhalb des Gebäudes
konfigurieren und überwachen. Dies erfolgt typischerweise direkt an der Heizung
oder über eine Regelungseinheit im Wohnbereich. Drehschalter, Taster und einfache Displays bilden dabei die Schnittstelle für den Benutzer.

Um die Eingabe- und Anzeigemöglichkeiten zu erweitern und auch außerhalb
des Gebäudes mobil zugänglich zu machen, entwickelt die Bosch Thermotechnik
GmbH Heizungsgateways [2] zur Fernüberwachung und Fernparametrisierung
von Heizungsanlagen über das Internet. Ein Heizungssystem ist ein Verbund
aus verschiedenen Komponenten. Die Kesselsteuerung, ein oder mehrere Hei-
zungsregler sowie Pumpen- oder Solarmodule sind nur einige Beispiele hierfür.
Über den proprietären EMS-Bus sind diese zur gebäudeinternen Kommunikation
miteinander verbunden. So kann beispielsweise die gewünschte Raumtemperatur
über den Raumregler an die Kesselsteuerung gesendet werden.

Um nun eine Kommunikation zwischen Internet und Heizungssystem zu ermöglichen, müssen Anfragen aus dem Internet in Anfragen für den Heizungsbus
übersetzt werden – dies ist die zentrale Aufgabe des Gateways. Weltweit kann
der Kunde dadurch über internetfähige Endgeräte, beispielsweise per Smart-
phone oder Tablet PC, Einstellungen an der Heizung vornehmen oder sich über
Betriebsstörungen per Email informieren lassen. Außerdem werden zu Diagnose-
zwecken Historiendaten über das angeschlossene Heizungssystem aufgezeichnet,
welche über die Internetschnittstelle abgerufen und anschließend grafisch ausgewertet werden können.

3   Berechnungsmodelle für Software

Das klassische Berechnungsmodell von Software besteht in der sequentiellen Abarbeitung von Instruktionen. Typischerweise beschreibt eine solche Sequenz die
Lösung einer konkreten Aufgabe. Da die Begriffe *Prozess* und *Thread* oft mit

Betriebssystemkonzepten assoziiert werden, wird eine solche Instruktionssequenz im Folgenden allgemein als *Trail* bezeichnet.

Besonders im Bereich eingebetteter Systeme erfordert der Hardwarekontext häufig die parallele Bearbeitung von mehreren Aufgaben, d.h. die gleichzeitige Ausführung verschiedener Trails. Dies kann asynchron oder synchron erfolgen. Basierend auf den Ausführungen in [3, S. 10–19], werden beide Konzepte im Folgenden kurz dargelegt.

Im *asynchronen Berechnungsmodell* werden Trails unabhängig voneinander ausgeführt. Jeder Trail bringt seine Sequenz an Instruktionen selbst zur Ausführung. Weder die Umgebung noch die anderen Trails sind ihm bekannt. Zwischen ihnen existiert kein globaler Zustand und kein gemeinsamer Blick auf die Umgebung. Die Entscheidung darüber, ob und wann eine Synchronisation oder Kommunikation mit der Umgebung oder einem anderen Trail erfolgt, ist explizit und wird von jedem Trail selbst getroffen. Dieses Berechnungsmodell ist *trail-orientiert*.

Im *synchronen Berechnungsmodell* entscheidet ausschließlich die Umgebung über den Ausführungsfortschritt der Instruktionen, nicht die einzelnen Trails. Jeder Trail schreitet mit seinen Instruktionen nur genau dann voran, wenn es die Umgebung veranlasst. Dies kann auf Basis von Ereignissen oder zeitgesteuert erfolgen. Folglich schreiten alle Trails im Gleichschritt voran. Als globaler Koordinator legt die Umgebung dadurch auch die Arbeitsgeschwindigkeit fest. Auf Grund dieser Tatsache sind alle Trails und die Umgebung kontinuierlich implizit synchronisiert und besitzen ein gemeinsames Verständnis über den aktuellen Zustand des Systems. Dieses Berechnungsmodell ist *umgebungs-orientiert*.

4 Domänenanalyse

Aus funktionaler Sicht hat das Gateway im Wesentlichen zwei Aufgaben zu erfüllen. Einerseits die Kommunikation mit einem mobilen Endgerät und andererseits mit dem EMS-Bus. Beide werden im Folgenden skizziert und analysiert.

4.1 Endgerätekommunikation

Über eine Schnittstelle nimmt das Gateway HTTP-Anfragen von den internetfähigen Endgeräten entgegen und beantwortet diese. Jede Anfrage ermöglicht das Lesen oder Schreiben einer Datenressource. Ressourcen können sich physikalisch innerhalb oder außerhalb des Gateways befinden. Interne, wie beispielsweise der aktuelle Status der Analogeingänge, die Softwareversionsnummer oder Historiendaten, werden im RAM, ROM oder Flash-Speicher gehalten. Konfigurationsparameter der Heizung dagegen sind externe Ressourcen und werden über den EMS-Bus gesetzt oder angefragt.

Zur Verarbeitung einer Anfrage sind folgende Schritte durchzuführen: Die Anfrage (1) empfangen, (2) entschlüsseln, (3) parsen, (4) interpretieren und (5) ausführen sowie die Antwort (6) konstruieren, (7) verschlüsseln und (8) versenden. Jede Anfrage wird durch diese Schritte individuell und unabhängig von allen anderen Anfragen bearbeitet. Dies ist das Grundkonzept des HTTP-Protokolls – es existiert kein globaler Zustand über mehrere Anfragen hinweg. Aus diesem Grund ist weder eine Kommunikation noch eine Synchronisation zwischen einzelnen HTTP-Anfragen erforderlich.

Nicht jede Anfrage kann sofort, d.h. in vernachlässigbar kurzer Zeit, beantwortet werden. Abhängig vom physikalischen Speicherort der betroffenen Ressource muss unter Umständen mehrere Sekunden auf die angeforderten Daten gewartet werden. Außerdem ist der Prozess der Ver- und Entschlüsselung vergleichsweise rechenintensiv. Die Menge der zu übertragenden Daten kann daher die individuelle Antwortzeit auf eine Anfrage vergrößern. Beide Szenarien, Warten und Rechnen, können viel Zeit konsumieren. Treffen in der Zwischenzeit neue Anfragen ein, die sofort beantwortet werden könnten, so dürfen diese nicht durch langsame Anfragen blockiert werden. Jedes Endgerät soll möglichst schnell bedient werden. Dies schließt eine streng sequentielle Abarbeitung aus. Stattdessen ist ein paralleles Vorgehen notwendig, bei welchem langsame Anfragen durch schnelle überholt werden können. Zu Gunsten der Antwortgeschwindigkeit ist dieses dann nicht mehr deterministisch – die Reihenfolge der Antworten ist abhängig vom aktuellen Verarbeitungszustand des Servers.

Es existieren keine Echtzeitanforderungen für die Beantwortung einzelner Anfragen. Der Webserver antwortet, sobald die angeforderten Daten verfügbar sind. Das Endgerät muss entsprechend warten. Damit gibt das verarbeitende System, der Server, die Arbeitsgeschwindigkeit vor.

Gemäß dem geschilderten Anforderungsprofil ist für diese Domäne das asynchrone Berechnungsmodell das Geeignete.

4.2   EMS-Buskommunikation

Zwischen den Teilnehmern werden Daten auf dem EMS-Bus in logischen Einheiten, den sogenannten *Frames*, übertragen. Jeder Frame kann aus mehreren Bytes bestehen. Die Bytes werden seriell übertragen. Zur Steuerung des Buszugriffs existiert ein EMS-Mastergerät, alle anderen Teilnehmer – so auch das Gateway – sind Slaves. Wann welches Gerät den Bus verwenden darf, wird durch den Master bestimmt.

Im Empfangsmodus werden die einzelnen Rohbytes zu einem Frame zusammengefügt. Trifft ein Byte ein, so wird zunächst die inhaltliche Korrektheit in Bezug auf Rahmen- oder Paritätsfehler hardwarenah geprüft. Um sicherzustellen, dass zwei aufeinanderfolgende Bytes tatsächlich zum selben Frame gehören, muss zusätzlich die Zwischenzeit kontrolliert werden. Diese darf einen festgelegten Maximalwert nicht überschreiten. Inhaltlich und zeitlich valide Bytes werden dem aktuellen Frame hinzugefügt, andernfalls verworfen. Trifft das letzte Byte eines Frames ein, so wird der gesamte Frame über eine Prüfsumme verifiziert, interpretiert und anschließend eine entsprechende Aktion eingeleitet. Im einfachsten Fall wird der Frame verworfen, weil er ungültig ist oder nicht an das Gateway adressiert wurde. In den übrigen Fällen muss mit einer Antwort auf dem Bus reagiert werden. Diese Antwort muss innerhalb einer vorgegebenen Zeit erfolgen und ist daher an weiche Echtzeitanforderungen gebunden. Eine Verspätung führt zum Fehlschlagen der laufenden Kommunikation, kann aber zu einem späteren Zeitpunkt wiederholt werden.

Im Sendebetrieb werden Frames byteweise auf dem Bus kommuniziert. Auf Grund des eingesetzten, physikalischen Übertragungsverfahrens, müssen alle Bytes, die von einem Slave gesendet werden, durch das EMS-Mastergerät innerhalb einer festen Zeit gespiegelt werden. Zur Sicherstellung des korrekten Sendevorgangs, muss das Gateway daher auf das Spiegelbyte warten und die vergangene Zeit prüfen. Ein inhaltlicher oder zeitlicher Fehler führt zum sofortigen Abbruch der Übertragung.

Zusammengefasst besteht das Verhalten der Buskommunikation aus einer Folge von Reaktionen auf eintreffende Bytes und auf die vergangene Zeit. Es ist dadurch vollständig ereignis- und zeitgesteuert. Für eine korrekte Funktionalität müssen die Reaktionen rechtzeitig erfolgen. Die Reaktion auf ein aktuell empfangenes Byte kann die Reaktionen auf zukünftige Bytes beeinflussen. Beispielsweise werden bei Empfang eines invaliden Bytes alle Folgebytes des aktuellen Frames verworfen. Dadurch entsteht eine Abhängigkeit zwischen den Reaktionen untereinander und die Notwendigkeit eines globalen Zustandes.

Pro Reaktion ist die benötigte Bearbeitungszeit vernachlässigbar klein. Jedoch müssen die Reaktionen deterministisch in derselben Reihenfolge durchgeführt werden, in welcher die Bytes empfangen wurden.

Die dargestellten Anforderungen legen in dieser Domäne den Einsatz des synchronen Modells zur Berechnung nahe.

5   Neuentwurf des Gateways

Auf Basis eines BeagleBone Black[1] wurde die in Abschnitt 4 beschriebene Funktionalität des existierenden Heizungsgateways neu implementiert. Der kostengünstige Einplatinencomputer verfügt über die nötigen Hardwareschnittstellen für den Anschluss von EMS-Bus und Internet sowie ein laufendes linuxbasiertes Betriebssystem.

5.1   Geschichtete Architektur

Die Kommunikation über das Internet und über den EMS-Bus besitzen nur eine kleine, funktionale Schnittmenge: Den Austausch von EMS-Ressourcenanfragen und -antworten im Zuge einer HTTP-Anfrage. Die übrige Funktionalität ist disjunkt und kann daher unabhängig voneinander ausgeführt werden. Im Sinne des *Separation Of Concerns* führt dies zwangsläufig zu einer Schichtenarchitektur:

Schicht 1 (Domäne der Internetkonnektivität)
Verarbeitung der eintreffenden HTTP-Anfragen.
Schicht 2 (Klassische, eingebettete Domäne)
Realisierung des EMS-Kommunikationsprotokolls.

---

[1] https://beagleboard.org/black

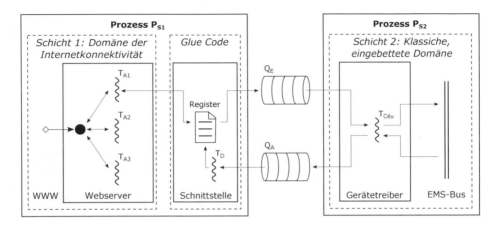

Abb. 1. Aufbau der domänenorientierten Softwarearchitektur.

Wie in den Abschnitten 4.1 und 4.2 dargestellt wurde, werden die Berechnungen – die Verarbeitung der HTTP-Anfragen einerseits, die der eintreffenden EMS-Bytes andererseits – in den beiden Domänen auf sehr unterschiedliche Art und Weise durchgeführt. Es ist daher naheliegend, dass die Verwendung desselben Berechnungsmodells, beispielsweise durch den Einsatz von *C*, keine einfache und adäquate Lösung für beide Anwendungsbereiche erwarten lässt.

Als Konsequenz wird die in Abbildung 1 dargestellte, domänenorientierte Softwarearchitektur vorgestellt. Zur Realisierung der beiden Schichten werden zwei vollständig autarke Linux-Prozesse P_{S1} und P_{S2} implementiert. Diese „echte" Trennung führt nicht nur zur herkömmlichen, logischen Strukturierung des Quelltextes, sondern erlaubt auch den Einsatz von verschiedenen, domänenspezifischen Programmiersprachen. Letztere können dann für den jeweiligen Problembereich passend gewählt werden. Die Interprozesskommunikation, zwecks Austausch von EMS-Anfragen und -antworten, wird durch einen schlanken, eigens in *C* geschriebenen *Glue Code* ermöglicht.

5.2   Schicht 1: Webserver in RUST

Die Sprache RUST wurde zur Systemprogrammierung entwickelt [7]. Sie ermöglicht effiziente system- und hardwarenahe Implementierungen, bietet aber gleichzeitig den Komfort einer höheren Programmiersprache. Sicherheit, Geschwindigkeit und Nebenläufigkeit sind die Hauptziele von RUST und werden ohne den Einsatz eines *Garbage Collectors* erreicht. Die Kombination aus Effizienz, hoher Abstraktion und Sicherheit führt zu einer großen Attraktivität für Internetanwendungen – *Mozilla Research* entwickelt beispielsweise seine neue Webbrowser-Engine *Servo* [1] in RUST. Außerdem existieren bereits umfangreiche RUST-Frameworks zur Webserverentwicklung. Zur Neuimplementierung des Gateways wird exemplarisch das Framework *Iron*[2] verwendet.

---

[2] http://ironframework.io/doc/iron/

Basierend auf dem asynchronen Berechnungsmodell, eignet sich Rust gut, um die Charakteristika der Internetkommunikation auf einfache Art und Weise zu beschreiben. Mit Hilfe von *Iron* wird ein Webserver zur Internetkommunikation realisiert. Dieser stellt einen Pool an Threads, hier T_{A1-A3}, für die Verarbeitung von HTTP-Anfragen zur Verfügung. Trifft eine neue Anfrage ein, so wird sie durch das Framework empfangen, entschlüsselt, geparst und anschließend einem der freien Threads zur Ausführung übergeben. Als Einstiegspunkt in die Verarbeitungskette (siehe Abschnitt 4.1) ist lediglich eine *Callback*-Funktion zur Interpretation, Ausführung und Konstruktion der Antwort zu implementieren. Das Verschlüsseln und Versenden der Antwort geschieht erneut durch *Iron*.

5.3 Glue Code in *C*

Handelt es sich um eine Anfrage nach einer EMS-Ressource, so wird im Zuge der Ausführung durch den zugewiesenen Thread, hier T_{A1}, der Glue Code aufgerufen. Dieser leitet die Anfrage an den EMS-Gerätetreiber weiter. Anschließend wird T_{A1} solange blockiert, bis die angeforderten Daten eintreffen.

Potentiell existieren viele anfragende Threads T_{Ai} auf der einen Seite, aber stets nur genau ein antwortender Treiber auf der anderen. Daher muss auf dem Rückweg zusätzlich eine Zuordnung der Antworten an die entsprechenden Threads erfolgen. Für dieses Demultiplexing verwendet ein eigener Thread T_D innerhalb des Glue Code ein Register, in welchem sich T_{A1} mit seiner Anfrage zuvor eingetragen hat.

Durch den Einsatz von Threads ist eine verschränkte Verarbeitung von HTTP-Anfragen möglich. Solche Threads, die zeitintensive EMS-Anfragen bearbeiten, können beliebig zum Warten blockiert werden ohne dabei Rechenzeit zu konsumieren oder andere Threads auszubremsen. Spätere, schnell zu bearbeitende Anfragen können dadurch problemlos langsame EMS-Anfragen überholen.

5.4 Schicht 2: Gerätetreiber in Céu

Entwickelt für den Einsatz in reaktiven Systemen, liegt der Fokus der synchronen Sprache Céu auf Ausdrucksfähigkeit und Sicherheit im eingebetteten Anwendungsbereich [5]. Ereignisbehandlung, Zeit und Nebenläufigkeit sind feste Bestandteile der Sprache und lassen sich daher auf sehr prägnante und lesbare Weise beschreiben. Um stets die Antwortfähigkeit des Systems zu gewährleisten, unterstützen die Sprachkonstrukte von Céu aktiv die Beschränkung der benötigten Rechenzeit pro Reaktion. Ebenso beschränken sie den zur Laufzeit benötigten Speicherbedarf, sodass Speicherüberläufe bereits zur Übersetzungszeit ausgeschlossen werden.

Die Intention von Céu ist nicht den Industriestandard *C* für eingebettete Systeme abzulösen. Vielmehr soll es sich in eine existierende *C*-Umgebung integrieren und die Implementierung an den geeigneten Stellen vereinfachen. Jedes in Céu geschriebene Programm wird nach *C* übersetzt und anschließend in einem einzigen Thread T_{Ceu} ausgeführt. Zusammen mit dem synchronen Berechnungsmodell und einer sequentiellen Ausführungssemantik ergibt sich damit ein

durchgängig deterministisches Verhalten für parallele Trails. Um die Systeminte-
gration und Wiederverwendung von existierenden Komponenten zu vereinfachen,
ermöglicht CÉU außerdem den direkten Aufruf von nativem C-Code.

Zur Kommunikation zwischen dem asynchron arbeitenden Webserver P_{S1}
und dem synchronen Gerätetreiber P_{S2} werden zwei Warteschlangen Q_E und
Q_A eingesetzt. Über Q_E empfängt der Treiber EMS-Anfragen vom Server, die
zugehörigen Antworten sendet er über Q_A zurück.

6   Anwendungsbeispiele

Im Folgenden demonstrieren zwei kurze Codebeispiele den adäquaten Einsatz
von RUST und CÉU im Rahmen der Neuimplementierung.

6.1   Webserver

Wie in Abschnitt 4.1 dargestellt, lässt sich unter Verwendung von *Iron* mit RUST
ein Webserver in wenigen Zeilen konfigurieren und starten:

Listing 6. Struktur des Webservers in RUST.

```
1 fn main() {
2   Iron::new(|req: &mut Request| {
3     match req.method {
4       Method::Get => { // Verarbeitung GET-Anfrage. },
5       Method::Put => { // Verarbeitung PUT-Anfrage. },
6       _ => Ok(Response::with(status::MethodNotAllowed))
7     }
8   }).http(localhost:80).unwrap();
9 }
```

An Port 80 empfängt der Server die eingehenden HTTP-Anfragen der Endgeräte.
In den Zeilen 3 bis 7 ist die in Abschnitt 5.2 erwähnte Callback-Funktion definiert. Für jede Anfrage wird sie im Kontext eines eigenen Threads ausgeführt.
Über das Schlüsselwort **mut** (Zeile 2) wird im Typsystem zwischen veränderbaren und nicht veränderbaren Daten unterschieden. Zusammen mit dem Konzept
der *Ownership* stellt RUST damit die Datenintegrität sicher – hier zwischen den
Threads.

Das eingebaute *Pattern Matching* (Zeile 3) bietet die einfache Unterscheidung verschiedener Optionen und geht funktional über die klassische switch-
Anweisung hinaus. Im Beispiel wird zwischen GET- und PUT-Anfragen unterschieden und anschließend entsprechende Instruktionen zur differenzierten Bearbeitung aufgerufen. Falls es sich um eine andere Anfragemethode handelt, erhält
das Endgerät den HTTP-Statuscode *MethodNotAllowed*.

6.2   Bytespiegelung

Listing 7 zeigt eine Implementierung in CÉU zur Abhandlung des Spiegelverfah-
rens beim Versenden eines EMS-Bytes, hier 0x2A. In den Zeilen 1 bis 2 wird

zunächst deklarativ die Schnittstelle zur Umgebung beschrieben. Das Einga-
beereignis BYTE_RX wird durch die Umgebung erzeugt und an den Gerätetreiber übermittelt. Es liefert ein empfangenes Byte (Zeile 1). Entsprechend wird
das Ausgabeereignis BYTE_TX durch den Treiber erzeugt und an die Umgebung
gesendet. Es enthält ein zu sendendes Byte (Zeile 2). Damit sind die externen
Schnittstellen des Treibers eindeutig und übersichtlich innerhalb des Programms
definiert.

Listing 7. Ablauf der Bytespiegelung in Céu.

```
1 input u8 BYTE_RX;
2 output u8 BYTE_TX;
3 var u8 b = 0x2A;
4 var int ret = emit BYTE_TX => b;
5 if (ret != 0) then
6   escape -1;                       // F: Senden fehlgeschlagen!
7 end
8 par/or do /* Trail T1 */
9   var u8 mirror = await BYTE_RX;
10  if (mirror != b) then
11    escape -2;                     // F: Inhalt falsch!
12  end
13 with        /* Trail T2 */
14  await 42ms;
15  escape -3;                       // F: Zeitueberschreitung!
16 end
17 escape 0;                         // Ok.
```

Ereignisse lassen sich in Céu mit dem Schlüsselwort **emit** erzeugen. In Zeile 4
wird so das Ausgabeereignis BYTE_TX generiert, welches in der Umgebung das
Senden von 0x2A veranlasst. Unter Umständen kann innerhalb der Umgebung
beim Verarbeiten eines Ereignisses ein Fehler auftreten. Um diese Information an
Céu weiterzugeben, liefert ein Aufruf von **emit** gleichzeitig einen entsprechenden Rückgabewert. Dieser kann den weiteren Kontrollfluss beeinflussen. Schlägt
beispielsweise bereits das Senden von 0x2A fehl, so wird der Trail mit **escape**
und einem entsprechenden Rückgabewert sofort beendet (Zeile 6).

Paralleles Verhalten wird in Céu auf strukturierte Art und Weise durch Par-
allelblöcke (**par**) umgesetzt. Die Instruktionen für zwei parallele Trails $T1$ und
$T2$ werden mit **par do** <Trail T1> **with** <Trail T2> **end** definiert. Durch
den Block wird außerdem der gemeinsame Start- und Endpunkt der Trails ganz
exakt festgelegt. In der eingesetzten Variante **par/or** (Zeile 8) werden die Trails
zusammengeführt, sobald der eine oder (**or**) der andere terminiert.

In $T1$ (Zeile 9 bis 12) wird zunächst auf das Spiegelbyte gewartet. Das Warten auf Ereignisse wird in Céu durch das Schlüsselwort **await** realisiert. Durch
await BYTE_RX wird der Trail solange angehalten, bis das Ereignis BYTE_RX eintritt. Als Rückgabewert liefert **await** das empfangene Byte, welches in mirror
gespeichert wird. Im Anschluss wird der Spiegel mit dem Original b verglichen
(Zeile 10). Im Falle einer Abweichung ist der Spiegel inhaltlich falsch.

In $T2$ (Zeile 14 bis 15) wird parallel zu $T1$ auf die Zeitüberschreitung gewartet. Das Warten auf Zeit wird in Céu ebenfalls durch das Schlüsselwort **await**
realisiert. Durch **await** 42ms wird der Trail solange angehalten, bis $42ms$ ver-
gangen sind. Zeit steht in Céu direkt als physikalische Größe zur Verfügung und

muss nicht umständlich über *Timer* oder `sleep()`-Funktionen realisiert werden. Sollte das Spiegelbyte nicht innerhalb von $42ms$ eintreffen, so ist der Spiegel zeitlich falsch.

Dieses Beispiel verdeutlicht, wie sich in CÉU eine starke Kohäsion zwischen einer Aktion ($T1$) und einer zugehörigen Zeitanforderung ($T2$) herstellen lässt. Die Ereignisbehandlung lässt sich auf intuitive Art und Weise direkt im Programmkontrollfluss beschreiben.

7   Zusammenfassung

Die vorgestellte Schichtenarchitektur orientiert sich an den beiden typischen Problemdomänen eines Smart Devices. Separierte Prozesse realisieren eine konsequente Trennung zwischen der Echtzeitdomäne einerseits und der Nicht-Echtzeitdomäne andererseits. Der Datenaustausch erfolgt über eine schlanke Schnittstelle in *C*. Diese Konstruktion ermöglicht den Einsatz geeigneter Programmiersprachen für den jeweiligen Anwendungsbereich. Als Konsequenz entstehen für die jeweiligen Domänen Lösungen, die oft kürzer und verständlicher sind, als bei einsprachigen Implementierungen. Reduzierte Entwicklungszeiten sowie eine bessere Erweiterbarkeit und Wartbarkeit des Programmcodes sind als weitere Vorteile zu erwarten.

Danksagung

Der Autor bedankt sich für die wertvollen Kommentare und Vorschläge zur Verbesserung dieses Beitrags bei den Mitarbeitern der zentralen Forschung und Vorausentwicklung von Bosch.

Literaturverzeichnis

1. B. Anderson, et al. *Experience Report: Developing the Servo Web Browser Engine using Rust*. 2015.
2. Bosch Thermotechnik GmbH. *Buderus Fernwirksystem – Heizungsanlagen überwachen, warten und optimieren: Logamatic web KM300*. https://webservices.buderus.at/download/pdf/file/8737801303.pdf, 30.05.2016.
3. F. Sant'Anna. *A Synchronous Reactive Language based on Implicit Invocation*. Master Thesis, Pontificia Universidade Catolica Do Rio De Janeiro, Rio de Janeiro, 2009.
4. F. Sant'Anna. *Céu: The Programming Language*. http://www.ceu-lang.org/, 30.05.2016.
5. F. Sant'Anna, et al. Safe system-level concurrency on resource-constrained nodes. In C. Petrioli, L. Cox, and K. Whitehouse, editors, *The 11th ACM Conference on Embedded Networked Sensor Systems*, pages 1–14, 2013.
6. *The Rust Programming Language*. https://www.rust-lang.org/, 30.05.2016.
7. *The Rust Programming Language: Documentation*. https://doc.rust-lang.org/book/, 30.05.2016.

Umgebung für automatisierte Tests von Dateisystemen auf NAND-Flash-Speichern

Pascal Pieper[1,2], Fabian Greif[2] und Görschwin Fey[1,2]

[1] Deutsches Zentrum für Luft- und Raumfahrt
Institut für Raumfahrtsysteme, 28359 Bremen
[2] Universität Bremen, Bibliothekstraße 1, 28359 Bremen
{pascal.pieper|fabian.greif|goerschwin.fey}@dlr.de

Zusammenfassung. Datenspeicher in Raumfahrtanwendungen sind ein wichtiger Teil des gesamten Systems. Die typischerweise verbauten Speicherchips sind durch ihre hohe Robustheit und besondere Fertigungsgüte sehr teuer. Es ist sinnvoll, stattdessen günstigen aber fehleranfälligen NAND-Flash zu benutzen und ihn durch eine vom Dateisystem gesteuerte Redundanz sicherer zu machen. Um solche Software für konkrete Aufgaben auszuwählen, wird eine Simulationsumgebung entwickelt, mit der Dateisysteme durch allgemeine oder spezifische Benutzungsprofile quantitativ verglichen werden können. Dazu werden im Weltraum herrschende Fehlerquellen klassifiziert, modelliert und als beliebig einsetzbare Module implementiert. Als Fallbeispiel werden die zwei Dateisysteme *YAFFS1* und *FAT16* integriert und in Experimenten verglichen.

1 Einleitung

Im Weltraum herrschen viele Einflüsse auf Raumfahrtsysteme. Erschütterungen beim Start, harte Strahlung und große Temperaturschwankungen wirken auf die Komponenten ein, was die Lebensdauer signifikant reduzieren kann. Der Fokus dieser Arbeit liegt auf den Datenspeichern, die einen wichtigen Teil eines Computersystems ausmachen. Diese Speicher sind in der Regel besonders robust gegenüber den bekannten Fehlerquellen des Weltraums, allerdings sind sie auch deutlich teurer als bekannte *consumer grade* Speicher. Ein sinnvolles Ziel ist es also, den Preis der Speicher zu reduzieren, ohne die Zuverlässigkeit des Systems zu verändern. Ein Beispiel für eine günstige Speicherart ist der NAND Flashspeicher. Dieser ist anfälliger gegenüber Strahlung und besitzt keine hohe Lebensdauer im Vergleich zu den herkömmlichen Speicherarten, allerdings ist er besonders kostengünstig. Um die höhere Fehleranfälligkeit zu kompensieren, werden oft speziell angepasste Dateisysteme benutzt, die z.B. Daten redundant auf verschiedenen Speichereinheiten verteilen und Fehler korrigieren. Bei der Auswahl eines geeigneten Dateisystems ist es wichtig, auf die Kriterien der Mission zu achten. Es könnte sich z.B. um einen Langzeitspeicher handeln, der nur selten beschrieben, jedoch öfter gelesen wird, oder um einen Loggingspeicher, bei dem eine große Datei sequenziell vergrößert wird. Durch die großen Unterschiede der Szenarien für ein Dateisystem ist es bisher schwer, ein passendes Dateisystem für eine gegebene Aufgabe zu finden. In diesem Beitrag wird eine Simulations- und Testumgebung beschrieben, die allgemeine und spezielle Tests auf integrierten Dateisystemen ablaufen lassen kann, und somit qualifizierbare Vergleiche ermöglicht. Hierzu verwandte Arbeiten sind:

Nandsim – Nandsim[1] simuliert die Struktur von Flash. Es wird häufig dazu verwendet, auf Abbilder realer Speicher zuzugreifen, und sie zu modifizieren. Es können durch Programme Fehler injiziert werden, allerdings ist `NandSim` schlecht konfigurierbar und enthält keine konkreten Fehlerursachen.

NANDFlashSim – NANDFlashSim [1] simuliert Zugriffszeiten und den Energieverbrauch in Abhängigkeit der konfigurierten Speicher und *traces*, also Abfolgen von virtuellen Schreib- und Lesezugriffen. Da keine tatsächlichen Daten verändert werden, ist diese Simulation nur als Ergänzung und zur Geschwindigkeitsoptimierung zu sehen.

2 Grundlagen

Bei NAND-Flash besteht im Gegensatz zu *Hard Disk Drives* (*HDD's*) nicht die Möglichkeit, jedes Byte wahlfrei zu beschreiben. Durch die platzsparende Bauweise kann ein Löschvorgang nur auf einem ganzen *Block* ausgeführt werden. Dieser wiederum besteht in der Regel aus 128 - 512 *Pages*, welche die kleinste beschreibbare Einheit bilden. Diese kann bei modernem *MLC* (*Multi Level Cell*) Flash nur ein einziges Mal pro Löschzyklus beschrieben werden, und besteht normalerweise aus 512 - 4096 Byte plus 16 - 224 Byte *auxiliary* Data. Diese *auxiliary* Bytes werden von höheren Strukturen wie *flash translation layers* oder Dateisystemen benutzt, Steuerdaten wie fehlerkorrigierende Codes, Laufnummern, Validität des Blockes und andere Informationen zu speichern. Weiterhin beschädigt der Löschvorgang die unterliegenden *MOSFETs*, was der Hauptgrund für eine geringe Lebensdauer ist. Im Vergleich zu *HDDs* ist die Anzahl der Schreibzugriffe in der Größenordnung von einigen 1000 Mal geringer. Diese Eigenschaft bringt die Notwendigkeit einer Zugriffsverteilung (*wear leveling*) mit sich, die in der Regel in Dateisystemen oder *Flash Translation Layers* (*FTLs*) implementiert ist. Das Fehlermodell der Simulation sieht folgende Fehler vor:

– Die Abnutzung von Blöcken durch Löschvorgänge, was zum Auftreten von Bitkippern und der Unprogrammierbarkeit ganzer Blöcke führt
– Die Möglichkeit von *Single Event Effects* (*SEEs*) wie zufällige Bitkipper (*Single Event Upsets*, *SEUs*) und Zerstörung einzelner Bits (*Single Event Latchups*, *SELs*)
– Die Erhöhung der *Total Ionizing Dose* (*TID*), was bei Erreichen einer maximalen Dosis die Wahrscheinlichkeit für *read disortion* (zufällige permanente oder vorübergehende Auslesefehler), Zerstörung einzelner Bits und Komplettausfall der Komponente erhöht.[2]
– Ab Werk defekte Blöcke, die durch den *bad block marker* markiert sind.[3]

3 Simulationsumgebung

Die Simulationsumgebung besteht aus drei Abstraktionsebenen. Ganz oben befindet sich die Testebene, auf der unabhängig von den darunterliegenden Dateisystemen Anwendungsszenarien simuliert werden. Diese Abstraktion erlaubt, dass Ergebnisse von getesteten Dateisystemen vergleichbar werden.

---

[1] `http://www.linux-mtd.infradead.org/faq/nand.html`
[2] Nicht enthalten ist jedoch die steigende Dauer für die Programmierung und Löschung aufgrund einer nachlassenden *charge pump*.
[3] Moderne *Multi Level Cell* (*MLC*) NAND-Speicher dürfen in der Regel bis zu 5 defekte Blöcke im Auslieferungszustand besitzen [5].

In der Mitte liegt die Dateisystemschicht, die für jedes Dateisystem das Minimum der POSIX-Funktionen für die Tests mithilfe des *Filesystem Interface* bereitstellen muss, die eigentliche Logik der Dateisysteme enthält und jeweils Treiber für die Interaktion mit dem Flash beinhaltet (siehe Abb. 1). Weiterhin ist hier die Abstraktion von Fehlerursachen und deren Auswirkungen auf den Flash für die Benutzung in Tests angereiht. Zuletzt gibt es die Simulationsebene, die mit der Schnittstelle eines üblichen Flashcontrollers einen NAND-Flash Chip simuliert, und die durch ein erweitertes, zweites Interface die Möglichkeit der Fehlerinjektion bietet. Diese Ebenen sind so gewählt worden, dass verschiedene Dateisysteme transparent gewechselt werden können, ohne Tests oder die NAND-Simulation zu verändern.

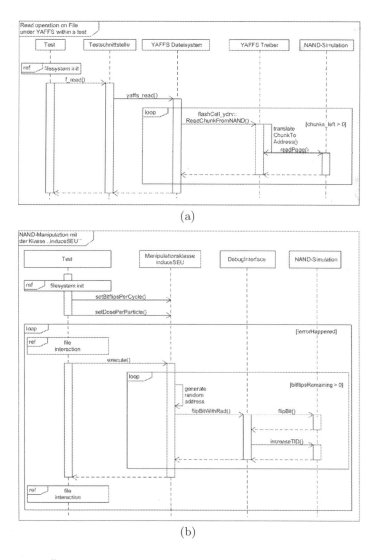

Abb. 1. (a) Übersetzung eines Lesezugriffes unter YAFFS, (b) *SEU*-Injektion

4   Experimentelle Ergebnisse

In diesem Kapitel wird nur ein Auszug der Ergebnisse des Vergleichs von FAT16 und YAFFS1 vorgestellt. Weitere Ergebnisse wie das Verhalten bei erhöhter TID oder die *bad block* Erkennung während des Betriebes werden in [6] behandelt.

4.1   Wear Leveling

In Abb. 2 ist der Unterschied im *wear leveling* zwischen den beiden Dateisystemen gut zu erkennen. In diesem Test wurden die Parameter der Ausfalleigenschaften verändert, um übersichtliche Testdurchläufe zu gewährleisten. Die Lebensdauer aller Zellen wurde auf *10.000* Löschvorgänge beschränkt, daher ist die Kurve *erases* eine gerade Linie. In der Realität würden die Zellen im Schnitt um den Faktor 10 länger halten und eine deutlich höhere Varianz aufweisen.

Bei *FAT* werden nur der erste Block, der die *MFT* enthält, und der zweite Block, der die Datei enthält, benutzt. Da sich die Datei nicht in ihrer Größe ändert, wird die *MFT* seltener benutzt. Der Dateiinhalt wurde ungültig, nachdem der Block abgenutzt

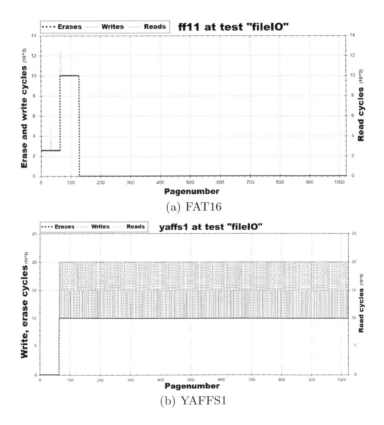

(a) FAT16

(b) YAFFS1

Abb. 2. Serialisierte Flashspeicher jeweils nach dem Test für *wear leveling*. X-Achse: Pages; Y-Achse links: Lösch- und Schreibzyklen, rechts: Anzahl der Lesezugriffe.

war. Insgesamt konnten 2500 Schreibzugriffe stattfinden, was sich direkt auf die Treiberimplementation abbilden lässt, die pro Zugriff einen ganzen Block löscht. Um die erforderlichen vier Sektoren (Pages) zu überschreiben, wird der Block daher vier Mal gelöscht. Dieses Verhalten entspricht in schlechten Fällen einem *flash unaware FTL*.

YAFFS1 hingegen verteilt die Schreibzugriffe, erkennt durch Verifikation geschriebener Daten abgenutzte Blöcke und verwendet sie danach nicht mehr. Durch diese Strategie kann eine einzelne Datei auf dem gesamten Flashspeicher[4] verteilt werden. Die Beendigung des Tests erfolgt durch die Meldung, dass kein freier (unbeschädigter) Speicherplatz mehr alloziert werden konnte. Die Datei konnte 1.920.190 Mal beschrieben werden, was einer Verbesserung um einen Fehler von mehr als 750 gegenüber *FAT* entspricht. Bei einer kleineren Datei oder einem größeren Speicher wäre diese Verbesserung noch größer, da die Datei auf mehr Platz verteilt werden kann. Dieses Verhalten deckt sich sehr gut mit der Realität.

4.2 Bitfehlertoleranz

In Abb. 3 ist der Unterschied der Fehleranfälligkeit zwischen den beiden Dateisystemen gut zu erkennen. *ff11* erreicht im Mittelwert nach 1000 Testläufen 90,7 Bitfehler, bis die Datei Fehler enthält, obwohl *FAT* keine Fehlerkorrektur vorsieht[5]. Der Median liegt liegt weit von dem Mittelwert entfernt bei 60 Bitfehlern, und in etwa 4% aller Fälle ist die Datei bereits im ersten Durchlauf nach 5 Bitfehlern verändert worden.

YAFFS1 hingegen erreicht im Schnitt 247,8 Bitfehler, was einer Verbesserung von etwa 173% entspricht und mit den Erwartungen übereinstimmt. Die Verbesserung ist auf den eingebauten *Error Correcting Code* (*ECC*) zurückzuführen, der einen Bitfehler pro Page korrigieren kann[6]. Somit müssen zwei Bitflips in einer Page stattfinden, um Daten darin ungültig zu machen. Da *YAFFS* wegen des *wear leveling* die Daten auf den kompletten Speicher verteilt, kann ein Bitkipper an jeder Position potentiell die Datei oder die Dateisystemstruktur treffen. Die Testergebnisse werden so deutlich geringer gestreut (Median: 255 Bitflips, nur 2,7 Flips unter dem Mittelwert), da die Häufung der Fehler an einer Position keinen Unterschied macht. In 1000 Testresultaten ist kein Ergebnis unter **40** Bitflips vorgekommen, der höchste Wert 400 wurde 16 Mal erreicht.

5 Fazit

Es ist eine Simulationsumgebung entwickelt worden, mit der das Verhalten von Dateisystemen unter dem Einfluss der im Weltraum am häufigsten herrschenden Fehlerquellen quantitativ bewertet werden kann. Die Umgebung besteht aus erweiterbaren Tests, Fehlermodellen und einer NAND-Flash Simulation. Der Simulator ist vollständig parametrierbar, um spezifischen NAND-Speicherchips entsprechen zu können. Für die Umgebung wurden sowohl Treiber als auch Abstraktionsebenen für die Einbindung von den beiden Dateisystemen *YAFFS* und *FAT* implementiert. Ferner wurden beide

---

[4] Bis auf einen Block, der für *garbage collection* reserviert ist. Empfohlen sind 3, allerdings ist dies bei einem kleinen Speicher nicht sinnvoll.

[5] Das liegt an der Größe der getesteten Datei, da nur Bitfehler, die in der (statischen) Region der Datei oder der *MFT* vorkommen, eine Auswirkung haben. Wäre die Datei größer, würde sie früher Defekte aufweisen

[6] *YAFFS* kann im Allgemeinen drei Bitfehler pro Page erkennen und einen korrigieren.

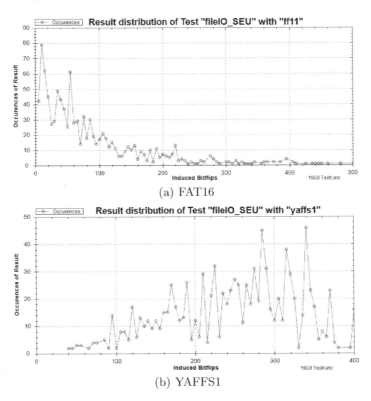

(a) FAT16

(b) YAFFS1

Abb. 3. Tests auf Bitfehlertoleranz mit YAFFS1 und FAT16; eine gewisse Stückelung ist vorhanden, da in jedem Testzyklus 5 Fehler injiziert wurden.

Dateisysteme evaluiert und ihre Schwächen aufgezeigt. Die Ergebnisse der Experimente haben einen starken Bezug zur Realität gezeigt, was unter Anderem auch für das Erreichen einer spezifischen *TID* gilt.

Literaturverzeichnis

1. JUNG, Wilson, Donofrio, Shalf, u. Kandemir: NANDFlashSim: Intrinsic latency variation aware NAND flash memory system modeling and simulation at microarchitecture level, IEEE 28th Symp. on Mass Storage Systems and Technologies, 2012
2. NGUYEN, D.N.; LEE, C.I.; JOHNSTON, A.H.: Total ionizing dose effects on flash memories. In: *Introduction to microcontrollers – Part 2* (1998), 100-103.
3. NGUYEN, D.N.; SCHEICK, L.Z.: TID, SEE and radiation induced failures in advanced flash memories. In: *Author index* (2003), 18-23. *ISBN 0780381270*
4. JEDRAK, Michal; S.A, Evatronix (Hrsg.): *NAND Flash memory in embedded systems.* http://www.design-reuse.com/articles/24503/nand-flash-memory-embedded-systems.html. Version: 09/2011, [Online]
5. MUTLU, O.: *Error Analysis and Management for MLC NAND Flash Memory*, 2014.
6. PIEPER, Pascal; GREIF, Fabian: Umgebung für automatisierte Tests von Dateisystemen auf NAND-Flash (2016). http://elib.dlr.de/104590/

Phasenmanagement eines hierarchisch-asynchronen Schedulers für Mehrkernprozessoren

Michael Ernst[1], Tobias Meier[1], Andreas Frey[1] und Wolfram Hardt[2]

[1] Fakultät Elektrotechnik und Informatik
Technische Hochschule Ingolstadt,
85049 Ingolstadt, Esplanade 10
{michael.ernst|tobias.meier|andreas.frey}@thi.de
[2] Technische Universität Chemnitz
09111 Chemnitz, Straße der Nationen 62
hardt@cs.tu-chemnitz.de

Zusammenfassung. Diese Publikation beinhaltet eine Erweiterung des Konzeptes eines neuen hierarchischen asynchronen Multicore Schedulers für eingebettete Systeme, der sein Software-System zur Laufzeit phasenabhängig rekonfigurieren kann. Dafür wird das bestehende Software-System in gegenseitig ausschließende Systemphasen aufgeteilt. Die interne Verarbeitung von Ereignissen, Phasen und deren Übergänge, sowie die daraus resultierende Migration von Funktionen in Multicore-Systemen öffnet neues Optimierungspotential um die vorhandene Rechenleistung effizienter ausnutzen zu können.

1 Einleitung

Das Internet der Dinge führt zu einer immer weiter wachsenden Unterstützung des Menschen durch die Maschine. Im Automobilbereich bedeutet dieser Komfortzuwachs auch eine steigenden Anzahl an Steuergeräten bzw. Funktionen auf diesen Steuergeräten [1]. Hierdurch wird zunehmend wertvoller Platz und Energie im Automobil verbraucht.

Eine mögliche Lösung für dieses Problem ist die zentrale Integration der Steuergeräte auf einen Multicore-Prozessor (Hochintegration) [2]. Derzeit erfolgt die Verteilung der vorhandenen Funktionen durch den Scheduler auf die einzelnen Prozessor-Kerne statisch [5]. Hierfür wird die maximale Rechenzeit der Funktionen herangezogen. Die Effizienz dieser Hochintegration wird maßgeblich durch das Verhältnis zwischen der Rechenzeit nicht benötigter Funktionen und der verfügbaren Rechenzeit des eingesetzten Multicore-Prozessors bestimmt. Dieses Verhältnis variiert zeitlich, je nachdem welche Funktionen gerade benötigt werden.

Für eine weitere Effizienzoptimierung moderner Multicore-Prozessoren, wird in dieser Publikation eine Alternative zu den bislang statisch konfigurierten Echtzeit-Softwaresystemen vorgeschlagen.

Ausgangspunkt bildet die oben genannte Überlegung, dass viele Funktionen nur zeitweise aktiv sind. Durch eine darauf basierende Unterteilung des Gesamtsystems in logische Zeitabschnitte ist es möglich gemeinsame Hardware effizienter zu nutzen. Im

Umfeld des pilotierten Fahrens ist z.B. auf der *Autobahn* ein *Autopilot* aktiv, wohingegen in der *Stadt* auf einen *Parkassistenten* zurückgegriffen werden soll. Diese beiden Funktionen (Autopilot und Parkassistent) können somit auf einem Steuergerät zusammengefasst werden und da sie in sich gegenseitig ausschließenden Phasen (Autobahn und Stadt) aktiv sind können sie sich dadurch die Rechenzeit teilen.

Im Folgenden soll das Konzept, eines bereits vorgestellten zur Laufzeit rekonfigurierbaren Software-Systems für eingebettete Echtzeit-Betriebssysteme von Multicore-Prozessoren genauer untersucht werden. Hierbei soll die Beschreibung und Auswertung von Events, Phasen sowie Phasenübergänge im System genauer untersucht werden.

2   Phasen in Echtzeitsystemen

Für das grundlegende Verständnis des Schedulers und dessen phasenabhängige Rekonfiguration, muss der Begriff *Systemphase* und *Ereignis* zuerst definiert werden.

2.1   Systemphasen

Eine *Systemphase* ist in dieser Publikation ein fest definierter, zeitlicher Abschnitt des Gesamtsystems. Das Gesamtsystem kann sich zu einem Zeitpunkt in genau einer Systemphase befinden. Diese Systemphase setzt sich aus einer Konkatenation seiner aktiven Sub-Phasen zusammen.

Eine *Sub-Phase* ist logisch einem Sub-Phasen-Set zugewiesen, welches über einen gerichteten Graphen (Zustandsdiagramm) definiert ist. Innerhalb eines Sub-Phasen-Sets gibt es immer nur eine aktive Sub-Phase. Durch ein Ereignis kann die aktive Sub-Phase gewechselt werden (Abb. 1).

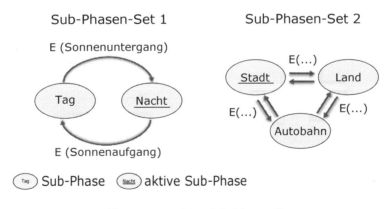

Abb. 1. Beispiel für Sub-Phasen-Sets

Die Dauer einer Systemphase ist zeitlich nicht begrenzt und bleibt bis zur Änderung einer Sub-Phasen bestehen. Die selbe Systemphase setzt sich immer aus genau den gleichen Sub-Phasen zusammen und ist somit deterministisch. Durch die Definition der Sub-Phasen-Sets können alle möglichen auftretenden Systemphasen bereits im Vorfeld bestimmt werden. Im Beispiel der Abb. 1 wäre das die Systemphase: (Nacht) & (Stadt)

2.2 Ereignis

Ein Ereignis ist eine vom System erkannte differenzielle Änderung von festgelegten Parametern im Gesamtsystem.

Durch ein Ereignis E ändert sich eine oder mehrere aktive Sub-Phasen innerhalb der definierten Sub-Phasen-Sets, und damit auch die Systemphase.

3 Hierarchical Asynchronous Multicore Scheduling

3.1 Aufbau

Im Folgenden wird das Konzept eines von Systemphasen abhängigen Software-Systems zusammengefasst [4]. Kern dieses Software-Systems ist der Hierarchische Asynchrone Multicore Scheduler (HAMS), der es ermöglicht das Echtzeitsystem während der Laufzeit phasenabhängig zu rekonfigurieren, um dadurch die vorhandene Rechenzeit effizienter nutzen zu können.

Um die bereits vorhandene logische Aufteilung und Unabhängigkeit von Multicore Prozessor-Kernen auf der Softwareebene zu nutzen, wird jedem Prozessor-Kern eine eigene unabhängige asynchrone Managementeinheit zugewiesen, der sogenannte First Level Scheduler (FLS). (Abbildung 2) Jeder FLS plant durch die Verwendung von bereits etablierten Singlecore Schedulingklassen (Rate Monotonic Scheduling, Earliest Deadline First, Round Robin, ...) die Rechenzeit seiner ihm zugewiesenen Funktionen.

Die Kommunikation zwischen den Komponenten des HAMS-Systems findet über eine gepufferte asynchrone Kommunikationsschnittstelle statt, der HAMS Communication API (HAPI). Durch die HAPI werden Steuerbefehle im Falle einer Rekonfiguration vom SLS and den FLS übertragen.

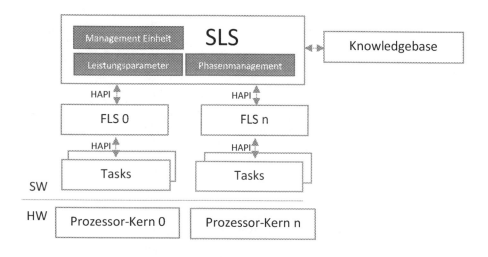

Abb. 2. Aufbau eines HAMS-Systems

So lange keine Ereignisse erkannt werden, verhält sich das HAMS-System wie ein statischer Echtzeit-Scheduler. Auftretende Ereignisse werden durch einen oder mehrere Tasks erkannt und an den zuständigen FLS via HAPI gemeldet.

Anschließend werden diese Daten an den globalen Scheduler, den Second Level Scheduler (SLS) übermittelt und somit die Rekonfiguration gestartet.

Voraussetzung für das Laufzeitsystem ist die jeweilige Anpassung der Funktionen an verschiedene Systemphasen. Zusätzlich müssen sich gegenseitig ausschließende Phasen für die spätere Rekonfiguration bestimmt und in eine Konfigurationsdatei, der Knowledgebase (KB), gespeichert werden.

3.2   Second Level Scheduler

Der Second Level Scheduler (SLS) überwacht und administriert als hierarchisch höchste Schedulinginstanz das Softwaresystem. Der SLS selbst ist ein eigenständiger hochpriorer Echtzeit-Task. Dieser wird periodisch, mit hoher Priorität, auf einem definierten Prozessor-Kern bzw. FLS ausgeführt.

Der SLS ist im Verteilungsplan auf dem Prozessor-Kern mit der geringsten Auslastung in Abhängigkeit der aktuellen Systemphase eingeplant, d.h. der SLS kann auch migriert werden, sollte dies erforderlich sein.

Der SLS besitzt zwei Datenschnittstellen:
Die Knowledgebase (KB) ist eine offline, durch den Entwickler der Gesamtsystems vorberechnete statische Datenbank. Die KB beinhaltet alle auftretenden Phasen und die Verteilungspläne von Funktionen auf die einzelnen Prozessorkernen für alle möglichen Systemphasen unter Berücksichtigung der Systemkonfiguration [3].

Der SLS überwacht zusätzlich alle ihm unterstellten FLS durch periodisch vom FLS übermittelte Nachrichten. Diese Nachrichten enthalten *Leistungsparameter (LP)* der einzelnen Prozessor-Kerne, die zweite Datenschnittstelle. Sie beinhaltet z.B. Prozessor Auslastung, durchschnittliche als auch grenzwertig überschrittene WCET der Tasks oder dessen unerlaubte Überschreitung. Diese Informationen können jederzeit über eine Debugging Schnittstelle abgerufen werden, und sind für die Entwicklung, das Debugging und die Fehlererkennung wichtig. Die Managementeinheit ist die zentrale logische Einheit des SLS und zuständig für die dynamische Rekonfiguration der Softwarefunktionen. In dieser wird die aktuelle Systemphase durch Kommunikation des SLS mit den FLS und der Verarbeitung der gemeldeten Ereignisse bestimmt (siehe Kapitel 4).

Durch die gezielte Verwendung der aktuellen Systemphase und der in der Knowledgebase gespeicherten phasenabhängigen statischen Verteilungspläne kann das Software-System dynamisch rekonfiguriert werden.

Dies geschieht in fünf Schritten.

1. Abarbeitung des Phasenüberganges. Dafür muss der SLS seine gespeicherte Phasenkonfiguration unter Betrachtung des neuen Phasenüberganges modifizieren.
2. Abgleich der neuen Phasenkonfiguration mit allen Phasenkonfigurationen der statischen Knowledgebase.
3. Laden des an die gefundene Phasenkonfiguration gebundenen statischen Verteilungsplans aus der Knowledgebase in den SLS.
4. Evaluation des gefundenen Verteilungsplans hinsichtlich der Durchführbarkeit unter Beachtung der aktuellen Leistungsparameter. Das geschieht durch die aus der

Knowledgebase bekannten WCETs der Funktionen und dessen gemittelten Funktionslaufzeiten aus den gesammelten dynamischen Leistungsparametern. Dadurch können fehlerhafte Funktionen bestimmt werden und gegebenenfalls deaktiviert werden.

5. Ist der Verteilungsplan durchführbar, werden Befehle für die unterstellten FLS bestimmt und an die FLS asynchron über die Kommunikationsschnittstelle weitergeleitet. Dadurch kann der FLS die entsprechenden Funktionen laden bzw. entladen oder falls nötig komplette Funktionen auf einen anderen Prozessor-Kern migrieren. Für den Fall eines nicht durchführbaren Verteilungsplanes aufgrund von transienter Systemüberlast durch z.B. fehlerhafte Anwendungen, kann der SLS mithilfe von fest vordefinierten Notfall-Konfigurationen reagieren.

3.3   First Level Scheduler

In HAMS ist jedem Prozessor-Kern ein eigener Sub-Scheduler, der First Level Scheduler (FLS), sowie eine Schedulingklasse zugeteilt. Die Unterbrechungen für das Scheduling, beschränken sich damit auf einen einzelnen Prozessor-Kern anstatt auf alle Prozessor-Kerne.

Grundsätzlich verhält sich der FLS wie ein Echtzeit Singlecore Scheduler, welcher seinen vorberechneten Zeitplan auf die ihm zugewiesenen Tasks anwendet. Sobald ein Ereignis durch einen Task an den FLS gemeldet wird, muss dieses an den SLS weitergeleitet werden, um eventuell die dynamische Rekonfiguration des Komplettsystems zu veranlassen. Bis zum endgültigen Rekonfigurationszeitpunkt (siehe Kap. 4.3) verbleibt der FLS im aktuell Verteilungsplan um die Echtzeit seiner ausgeführten Funktionen nicht zu verletzen. Zusätzlich beantwortet jeder FLS durch das Kommunikationssystem periodisch Anfragen des SLS über aktuelle Leistungsparameter (siehe oben).

3.4   Tasks

Der FLS sowie der SLS besitzen keine Informationen über die Auslösung der Ereignisse im Gesamtsystem. Das dafür notwendige logische Wissen als auch Sensordaten sind ausschließlich im dafür vorgesehenen Task verfügbar.

Damit ein Task in das HAMS-System integriert werden kann, muss er zuvor an die HAMS-Schnittstelle angepasst werden. Jedem Task werden dafür durch das HAMS-System Informationen zur Laufzeit bereit gestellt. Diese Informationen beinhalten

- die aktuelle Systemphase und damit auch alle aktiven Sub-Phasen des Software-Systems. Diese Information kann verwendet werden, um innerhalb des Tasks Entscheidungen zu treffen, siehe Listing 8.
- die aktuell erlaubte WCET des Tasks in Abhängigkeit der Systemphase. Dadurch sind Tasks mit variablen Laufzeiten vorstellbar, z.B. eine iterative Verkehrsschild und Personenerkennung in einem Kamerabild. Je mehr Zeit für den Algorithmus zur Verfügung steht desto genauer wird das Ergebnis.
- Verschiedene Scheduling-Informationen wie Zeitschlitz des Tasks, Aufrufhäufigkeit des Tasks, Dauer des Schedulingzyklus, SLS und FLS Version und den Hash der verwendeten Phasenkonfigurationsdatei.

In Listing 8 soll der grundlegende Aufbau eines im HAMS-System laufenden Tasks dargestellt werden:

Listing 8. Task - Beispiel

```
1  // Lesen der aktuellen Systemphase
2  Phase curPhase = syscall_getCurPhase();
3
4  if (curPhase.Location == SUBPHASE_STADT)
5  {
6      ...              // Code fuer Stadt mit 20ms WCET
7
8      // Erkannte Events dem uebergeordneten FLS
9      // mitteilen fuer einen moeglichen Sub-Phasen-Uebergang
10     if (...)
11         HAMS.send(EVENT_ENTER_LAND, FLS);
12 }
13 else { ... } // curPhase.Location != SUBPHASE_STADT
14
15 ... // gemeinsamer phasenunabhaengiger Code
```

Durch das aktive Abfragen der Systemphase ist dem Task bekannt in welchen aktiven Sub-Phasen sich das System befindet (Zeile 2). Durch phasenabhängige Entscheidungen kann der Task verschiedene WCET durch phasenabhängigen Code abbilden (Zeile 4). Sollte der Task während seiner Laufzeit ein Ereignis auslösen so kann er dieses über das Kommunikationssystem dem übergeordneten FLS melden (Zeile 11) und somit die systemweite Rekonfiguration anstoßen. Der SLS wird je nach gewählter Strategie (siehe unten) nicht sofort die aktuelle Systemphase verändern bzw. das Softwaresystem rekonfigurieren. Deswegen muss auch im darauffolgenden Aufruf des Tasks darauf geachtet werden in welcher Phase sich das System befindet, um nicht ungewollt die WCET zu überschreiten.

3.5 Kommunikationsschnittstelle

Jeder Task in einem HAMS-System kommuniziert mit dem FLS unidirektional, um dem FLS nötige Informationen über auftretende Ereignisse mitzuteilen. Durch die Eigenschaft des asynchron laufenden Systems ist keine gemeinsame Unterbrechung der Kerne des Prozessors möglich, somit muss die Kommunikation zwischen den Tasks, FLS und dem SLS gepuffert und asynchron ablaufen.

Um dieser Anforderung gerecht zu werden, wird die Kommunikationsschnittstelle durch HAPI-Channels realisiert. Diese speichern die asynchronen Nachrichten zwischen und können zu jeder Zeit gelesen und geschrieben werden. Zwischen jedem Task, FLS und dem SLS werden zwei unidirektionale HAPI-Channels erstellt. Die Nachrichten eines HAPI-Channels sind dabei nach Prioritäten geordnet, welche durch den Systemdesigner festgelegt werden. Falls mehrere Nachrichten von der gleichen Priorität vorliegen wird nach dem First In First Out Prinzip vorgegangen.

4 Phasenmanagement in HAMS

4.1 Phasendefinition in HAMS

Wie in Kapitel 2 beschrieben, gibt es innerhalb des HAMS Software-Systems eine festgelegte Systemphase die sich aus einer Konkatenation der aktiven Sub-Phasen zusammensetzt. Um Rechenzeit im Laufzeitsystem einsparen zu können, müssen zuerst offline alle Sub-Phasen, dessen Übergänge und die logische Zuordnung zu Phasen-Sets festgelegt, und anschließend in einer Phasenkonfigurationsdatei gespeichert werden.

Die Modellierung der Übergänge setzt voraus, dass zuvor alle möglichen auftretenden Ereignisse definiert werden. Die initiale aktive Phase wird ebenfalls in dieser Konfiguration festgelegt. Mithilfe dieser Phasenkonfigurationsdatei können die phasenabhängigen Verteilungspläne offline generiert und später in die Knowlegebase geladen werden.

4.2   Verarbeitung von Events innerhalb des SLS

Wird dem zuständigen FLS ein Ereignis gemeldet so leitet er dieses hochprior durch den HAPI-Channel an den SLS weiter. Der SLS wird dieses Ereignis zum nächsten möglichen Zeitpunkt verarbeiten.

Die Managementeinheit des SLS arbeitet für jedes Sub-Phasen-Set des Software-Systems einen eigenen Zustandsautomaten ab. Das empfangene Ereignis wird an jedes dieser Sub-Phasen-Sets weitergeleitet. Gibt es innerhalb des Sets einen entsprechenden Übergang, so wird dieser ausgeführt. Die dadurch erreichte Sub-Phase wird die neue aktive Sub-Phase innerhalb des Sub-Phasen-Sets (siehe Abb. 1). Gibt es keinen entsprechenden Übergang so verbleibt die aktuelle Sub-Phase weiterhin aktiv.

Sind alle Sub-Phasen-Sets entsprechend bearbeitet, so kann nun die neue Systemphase durch Konkatenation der aktiven Sub-Phasen zusammen gesetzt und über HAPI an die FLS gemeldet werden, welche wiederum die aktuelle Systemphase an die Tasks weiterleitet.

4.3   Rekonfiguration und Migration in HAMS

Sollte die Rekonfiguration durch den SLS gestartet werden so muss nun anhand der neu bestimmten Systemphase ein entsprechender, gültiger und durchführbarer Taskverteilungsplan aus der Knowlegebase geladen werden.

Ist es aufgrund des neu geladenen Taskverteilungsplan erforderlich einen Task zwischen Prozessor-Kernen zu migrieren, so wird eine gemeinsame Zeitbasis benötigt um eine zeitlich korrekte Verschiebung zu gewährleisten. Diese ergibt sich durch eine gemeinsame globale verwendete zeitlich synchronisierte Betriebssystemzeit. Zusätzlich müssen Befehle durch den SLS an die betreffenden FLS generiert werden um den Task zu migrieren.

Für die Ermittlung des Rekonfigurierungs-Zeitpunkt existieren zwei unterschiedliche Rekonfigurationsstrategien.

Die aggressive Strategie erzwingt bei jedem erkannten Ereignis eine sofortige Rekonfigurierung des Systems. Um die Echtzeit des Systems weiterhin zu gewährleisten, muss der aktuelle Schedulezyklus auf jedem Prozessor-Kern zuerst beendet werden. Dieses Vorgehen generiert aufgrund der hohen Kommunikation und Berechnungen auch eine hohe Auslastung des Systems. Deswegen kann diese Strategie nur bei Systemen mit ausreichenden freien Kapazitäten verwendet werden.

Im Folgenden soll die zeitliche Kommunikation zwischen Task, FLS und SLS dargestellt werden, jedoch nicht die Auslastung der Prozessor-Kerne.

Abbildung 3 zeigt, dass `Core 0` und `Core 1` bzw. beide FLS nicht synchronisiert sind. Jeder FLS unterbricht den aktuell laufenden Task periodisch und arbeitet ggf. neue Events und Nachrichten ab.

In der Abbildung 3 stößt der Task T_0 eine Phasenänderung durch das Ereignis E an, welches an den SLS durch den FLS weitergeleitet wird. Dort werden nach der Verarbeitung von E die Steuerbefehle für eine Migration (`kill` und `spawn`) erzeugt und an die entsprechenden FLS verteilt, sie werden jedoch noch nicht ausgeführt. Um die Echtzeit

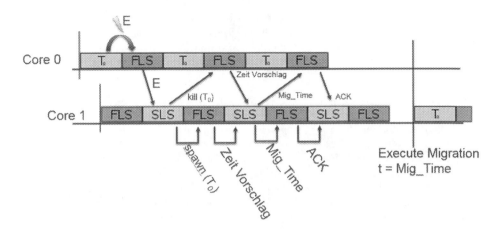

Abb. 3. Kommunikation eines Tasks nach der aggressiven Strategie

nicht zu gefährden wird nun ein Zeitpunkt für eine mögliche Rekonfiguration ausgehandelt. Dies geschieht indem alle FLS einen Zeitvorschlag abgeben. Der SLS überprüft alle Vorschläge und Entscheidet dann anhand der gewählten Rekonfigurationsstrategie, wann die Rekonfiguration durchgeführt werden sollte (*Mig_ Time*). Alle FLS müssen die gemeinsame Migrationszeit bestätigen.

Im Beispiel ist die oben beschriebene aggressive Strategie gewählt, weswegen das System bereits am Ende des Schedulezyklus rekonfiguriert wird (in der Abbildung 3 ganz rechts). Nach der erfolgten Rekonfiguration müssen alle betreffenden Tasks der Migration als auch der SLS benachrichtigt werden, dass die Migration erfolgreich abgeschlossen und das Software-System rekonfiguriert wurde.

In der zweiten Strategie, der verzögernden Strategie, werden zuerst alle Ereignisse bis zum Ende des längsten Schedulezykluses verzögert und anschließend verarbeitet. Die Planung und Generierung der Steuerbefehle werden erst im nächsten Schedulezyklus gestartet, die Rekonfigurierung findet somit im Vergleich mit der aggressiven Rekonfiguration um einen Schedulezyklus versetzt statt. Der weitere Verlauf ist identisch mit der aggressiven Rekonfigurationsstrategie.

Durch die Verzögerung der Ereignisse und des geringeren Kommunikationsaufwand der verzögernden Strategie wird deutlich weniger Systemlast generiert. Sie sollte für Software-Systeme mit sehr häufigen, gleichzeitig auftretenden Ereignissen gewählt werden.

5   Anwendungsbeispiel

Die dynamische phasenabhängige Rekonfiguration soll anhand eines Beispiels aufgezeigt werden. Gegeben seien drei Tasks T_A, T_B und T_C welche in der folgenden Tabelle definiert sind. Aus Übersichtlichkeit wird für jeden Task eine zyklische Wiederholung von 50 ms angenommen. Für jede Phase (P_1 und P_2) werden verschiedene WCET ($WCET_{P1}$ und $WCET_{P2}$) angenommen. Ferner benötigt der Beispiel-Task T_C in Phase P_1 mehr Rechenzeit während Task T_A sich entgegengesetzt verhält. (Beispiel: „Tag" und „Nacht").

Tabelle 1. Task Konfiguration

Taskname	WCET_{P1}	WCET_{P2}	zykl. Zeit
T_A	10	40	50
T_B	10	20	50
T_C	40	10	50

Diese Tasks sind auf ein Multicore-System mit 2 Prozessor-Kernen verteilt. Der Verteilungsplan ist in der Knowledgebase wie folgt enthalten:

$$Systemphase = \begin{pmatrix} Core_0 \\ Core_1 \end{pmatrix} \quad P_1 = \begin{pmatrix} T_A\ T_B\ T_{SLS} \\ T_C \end{pmatrix} \quad P_2 = \begin{pmatrix} T_A\ T_{SLS} \\ T_B\ T_C \end{pmatrix} \quad (1)$$

In diesem Beispiel verbleiben für den T_{SLS} nach Abarbeitung von T_A und T_B in P_1 auf $Core_0$ noch $50ms - 10ms - 10ms = 30ms$. Sollte ein Task ein Ereignis für einen Subphasenwechsel auslösen, so wechselt die Systemphase von P_1 auf P_2. Dem System verbleiben nun $30ms$ im Schedulezyklus von $Core_0$, um die Rekonfigurierung vorzubereiten.

Mit der aggressiven Rekonfigurationsstrategie würde das System bereits im nächsten Zyklus auf Basis des Verteilungsplans von P_2 arbeiten.

Mit der verzögernden Strategie würde der Phasenwechsel um einen Schedulezyklus ($50ms$) verzögert werden, d.h. der neue Rekonfigurationsplan ist nach Ablauf von $30ms + 50ms = 80ms$ aktiv.

6   Zusammenfassung und Ausblick

Der in dieser Publikation vorgestellte hierarchische asynchrone Multicore Scheduler bietet eine Möglichkeit Software-Systeme für Multicore Prozessoren während der Laufzeit zu rekonfigurieren. Damit eröffnet HAMS eine Erweiterung des bisherigen statischen Ansatzes. Dies wird erreicht indem ein bereits bestehendes Software-System in sog. System-Phasen aufgeteilt wird und sich selbst über vordefinierte Ereignisse rekonfigurieren kann. Dadurch ist es möglich die vorhandene Rechenleistung effizienter auszunutzen.

Eine Weiterentwicklung von HAMS um eine dritte Schicht dem Third Level Scheduler (TLS) könnte dem durch die ECU Hochintegration gesteigertem Schadenspotenzial im Falle eines Hardwareausfalls entgegenwirken. Durch den Zusammenschluss von mehrere kleineren hochintegrierten Steuergeräten zu einem Scheduling Cluster über den TLS wäre es möglich, Tasks zwischen den Steuergeräten zu verschieben.

Literaturverzeichnis

1. Dr. G. Weiß, P. Schleiß und C. Drabek: *Ausfallsichere E/E Architektur für hochautomatisierte Fahrfunktionen*, ATZ-Elektronik, 03/2016
2. H. Winner, S. Hakuli, F. Lotz, C. Singer: *Handbuch Fahrerassistenzsysteme*, 3te Auflage, 2015. Systems Engineering, 1991.
3. M. Ernst, T. Hanti und A. Frey: *Higher Utilization of Multi-Core Processors in Dynamic Real-Time Software Systems*, Dez 2013.

4. M. Ernst und A. Frey: *Hierarchisches asynchrones Multicore-Scheduling in hoch-integrierten Software-Systemen*, DLRK 2015
5. M. Asberg, T. Nolte und S. Kato: *Towards Partitioned Hierarchical Real-Time Scheduling on Multi-core Processors*, Paper 06.2014.

Printed in the United States
By Bookmasters